나는 민주주의가 약자들의 삶을 바꿀
가능성을 갖고 있다고 믿는다.
하지만 그 가능성은 정치가 약자를
대표하려는 노력을 통해서만 현실이 된다.
그것이 내가 생각하는 정치의 의무이다.

이 정미

정치의 의무

정치의 의무

초판 1쇄 인쇄   2019년 10월 31일
초판 1쇄 발행   2019년 11월 11일

지은이   이정미

펴낸이   윤동희

편집   김민채, 황유정
디자인   김승은
일러스트   박슬기
제작처   교보피앤비

펴낸곳   (주)북노마드
출판등록   2011년 12월 28일 제406-2011-000152호

a.   08012 서울특별시 양천구 목동서로 280 1층 102호
t.   02-322-2905
f.   02-326-2905
m. booknomad@naver.com

ISBN 979-11-86561-65-2 (02300)

이 도서의 국립중앙도서관 출판예정도서목록(CIP)은
서지정보유통지원시스템 홈페이지(http://seoji.nl.go.kr)와
국가자료종합목록 구축시스템(http://kolis-net.nl.go.kr)에서
이용하실 수 있습니다. (CIP 제어번호: CIP2019040541)

www.booknomad.co.kr
@booknomadbooks

정치의 의무

이정미 지음

북노마드

얼굴 없는 민주주의를 끝내겠다.

정의당은 한국정치의 주류를 교체할 것이다.

격차와 차별에 시달리는 여성,

역사상 처음으로 부모세대보다

가난해진 청년세대,

나쁜 일자리의 늪에 빠진

비정규직 노동을 대변하겠다.

일하는 사람들을 대표하는 정치,
아이들이 안전한 환경을 만들기 위한
정치를 펼쳐나갈 것이다.
인천 연수(을)에서 최선을 다할 것이다.

누구도 노회찬을 대신할 수 없다.
어떤 이도 노회찬을
대신할 수 없으므로
정의당 모두가
노회찬이 되어야 한다.

우리 경제 위기는 '생산과 성장의 위기'가
아니라 '분배와 정의의 위기'다.
13년간 한 푼 쓰지 않고 모아도
서울에서는 아파트 한 채를 마련할 수 없다.
최저임금 노동자의 174만 원 월급은
그렇게 높다는 나라에서,
재벌 오너와 일가들은 감옥에서
수십억 연봉을 챙겨왔다.

청와대 참모진과 장관급 공직자의
35퍼센트가 다주택자다.
국회의원 119명이 다주택자이며,
74명은 강남3구에 집이 있다.
국회의원의 24.6퍼센트가
강남에 집을 갖고 있다.
장관, 국회의원들 다수가
부동산 기득권이다.
국민이 정책결정권자의 주장을
신뢰할 수 있을까?
부동산 불평등 해결을 위해
국회의원들부터 자발적 1주택을
실천해야 한다.
우리 안의 기득권부터 해체해야 한다.
국회의원은 부동산 기득권인가 아닌가.
이제 답해야 한다.

김정은 북한 국무위원장의 서울 답방 때
국회 연설을 추진합시다.
북한의 최고지도자가 사상 최초로
대한민국 국회에서 연설하게 된다면
무엇보다 강력한 비핵화 선언이자
한반도 평화의 중대한 걸음이 될 것입니다.

차례

들어가며   18

1장
이정미, 노동운동에서 진보정당으로   20

2장
이정미, 얼굴 없는 시민들과 함께   58

3장
이정미, 포스트(post) 노회찬   114

4장
이정미, 내일의 정치   144

나가며   262

부록
이정미 의원이 걸어온 길   266

들어가며

내 별명은 '철이'다. 애니메이션 <은하철도 999> 철이를 닮았다고 해서 붙은 별명을 나는 참 좋아한다. 앞을 향해서 열심히 달리는 기차처럼 에너지 넘치는 정치인이라는 평가를 받고 싶다. 환경노동위원회, 여성가족위원회에서 활동하며 가습기 살균제 참사위원을 맡을 때에도 오로지 국민만 바라보며 열심히 달렸다.

'은하철도 999'의 '999'는 미완성을 뜻한다고 한다. 1000은 소년에서 어른이 되는 것을 의미하고, 999는 미완성, 즉 <은하철도 999> 속 영원한 소년인 철이를 의미한다.

나는 정치적 소수자, 사회적 약자를 위한 정치를 할 것이다. 소수자에게 여전히 미완성인 대한민국 정치를 완성시키는 그날까지 앞만 보고 달릴 것이다.

1장

이정미,

노동운동에서
진보정당으로

나는 노동운동을 했다. 노동운동을 시작한 계기는 '전태일'이었다.

나는 한국외대 84학번으로 대학에 입학했다. 당시 대학 진학률은 20퍼센트 수준이었다. 서울에 있는 대학을 다닌다는 건 직장이 보장된다는 뜻이었다. 모든 게 술술 풀린다고 생각했다. 그러다 우연히 전태일을 알게 되었다. 세상이 뒤집어지는 듯했다. 내가 알고 있는 세상은 일부에 지나지 않다는 걸 깨달았다. 대학을 다니고 직장을 얻고 결혼하고……. 이렇게 사는 삶이 무슨 의미가 있을까 싶었다.

학교를 일찍 때려치우고 노동 현장으로 나갔다. 1985년 겨울 첫 회사에 입사했다. 구두약 회사였다.

당시 공장은 굉장히 열악한 환경이었다. 입사동기 가운데 충청도에서 온 자매가 있었다. 한 명은 중학생, 한 명은 고등학생 나이였다. 한겨울인데도 자매는 홑겹 봄 점퍼를 입고 있었다. 단 벌의 홑겹점퍼를 입고 서울에 올라와 엄청나게 일했다. 잔업, 야근까지 했지만 우리의 첫 월급은 10만 원이 안 됐다.

첫 월급날, 나는 자매에게 떡볶이라도 사주려고 두 사람을 찾아다녔다. 자매는 휴게실 구석에서 서로를 끌어안고 울고 있었다. 첫 월급을 타면 겨울점퍼를 사고 싶었는데 시골집에 돈을 보내고 나니 한 푼도 안 남았다는 거다. 울고 있는 자매를 보면서 사람이 이렇게 살아서는 안 된다고 느꼈다.

내가 본격적으로 노동운동을 시작한 것은 1988년 인천광역시에 있는 영원통신에 입사하면서부터였다. 사용자측과 단체협약 체결과정에서 해고된 후 앞에 나서서 운동을 이끌기보다 노조 결성을 위한 교육과 지원에 힘쓰는 방식으로 노동운동을 이어갔다.

나는 1995년 한국노동운동단체협의회에서 조직국장을 맡았고, 1998년부터 2000년대 초까지는 민주주의민족통일전국연합에 몸담았다. 2000년 민주노동당이 창당하자 가입해서 최고위원, 대변인으로 활동했다. 2012년 창당한 통합진보당에 합류해 대변인과 최고위원을 맡았다. 그러나 통합진보당이 비례대표 부정경선 사태가 터지고, 나는 당을 나와 진보정의당(현 정의당)을 창당했다. 정의당 창당 후에는 1기 최고위원과 대변인을 맡았다.

나는 정당 일을 하다가 정치를 시작했다. 2002년 지방선거에서 1인 2표제(정당투표 비례대표제)가 실시되었는데, 민주노동당에서는 비례대표 후보 50퍼센트 여성할당을 실시했다. 2003년에는 남성 중심의 고위당직자에게도 30퍼센트 여성할당을 했다. 그런데 막상 여성당직자를 찾기 어려웠다. 그때 나는 당원이었을 뿐 당에서 일한다는 생각을 하지 않았다. 다만 여성학을 공부하면서 여성할당 제도의 필요성은 공감하고 있었다. 그 상황에서 당직 제안이 왔는데 못한다고 할 수 없었다. 자존심이 상하니까. 한 3초 생각하고 '알았습니다' 하고 당에 들어왔다.

행복이란 무엇일까. 나는 행복을 추구할수록 불행에도 민감해진다고 여겼다. 행복하고 싶다는 욕망을 잊어야 편안할 거라고 생각했다. 그게 나의 행복론이었다. 그런데 정치를 하면서 생각이 바뀌었다. '행복하고' 싶어졌다. 행복을 생각하지 않는다면 내가 하는 일의 가치를 모를 테니까. 물론 행복은 잠깐이다. 다시 힘들어지고, 다시 도전해야 한다. 그래도 그 잠깐의 행복이 우리를 견디게 한다.

행복과 정치의 물음에 답을 준 사람은 언니였다.

내가 본격적으로 정치를 해야겠다고 도전한 건 '언니' 때문이다. 2003년 형부가 심장마비로 돌아가셨다. 언니 아들은 중증발달장애다. 3살 때 말을 하지 못하고 집중도 못한다는 걸 알았다. 20대 청년으로 자란 지금도 대화를 제대로 할 수 없나. 언니는 좋은 대학을 나온 인재였는데, 아이 때문에 어려움이 컸다. 2017년 내가 아이를 봐줘서 홍콩에 다녀왔는데, 그게 언니의 첫 해외여행이었다.

2011년 언니가 갑자기 보자고 했다. 언니는 납입료가 비싸지만 보장이 좋은 보험 상품이 있다고 했다. 60세 이전에 사망하면 큰 보험금을 받을 수 있다며…… 발달장애 아이의 엄마는 60세 이상 살기 어렵다고 한다. 그만큼 스트레스가 극심하다. 언니는 나중에 자기가 죽고 보험금이 나오면 그 돈으로 아이를 돌봐달라고 했다. 나는 언니 손을 잡고 '이런 보험에 들 필요가 없게, 국가가 이 아이를 책임지는 사회를 10년 안에 만들겠다'고 다짐했다.

진짜 정치를 해야겠다고 마음먹은 순간이었다.

그러나 현실정치라는 영토는 험난했다. 나는 두 번의 낙선과 한 번의 중도 사퇴 끝에 20대 총선에서 정의당 비례대표 1번으로 당선되었다.

2004년 17대 총선에서 나는 민주노동당 비례대표로 처음 국회의원에 도전했다. 하지만 비례 순번 15번으로 배정받아 낙선했다. 당시 민주노동당은 13.3퍼센트를 득표해 8명의 비례당선자를 배출했다. 2008년 18대 총선에서는 서울 영등포갑 지역구 의원으로 출마했으나, 전여옥 한나라당 후보, 김영주 통합민주당 후보에 뒤졌다. 2014년 7월 19대 재보궐 선거에서는 수원 병 지역구에 출마했지만 손학규 새정치민주연합 후보와 단일화를 위해 중도 사퇴했다. 손학규 후보는 2위로 낙선하며 단일화는 실패로 돌아갔다. 2016년 20대 총선에서 나는 정의당 비례대표 1번을 받아 여의도 입성에 성공했다. 정의당은 7.23퍼센트를 득표해 4명의 비례당선자를 배출했다.

얼마 전 『일하는 마음』이라는 책을 읽었다. 책을 쓴 제현주 작가는 임팩트(impact) 투자사 '엘로우독' 대표로 자본시장에서 자본을 새롭게 배치하면서 미래 어떤 곳에서 가치가 창출되는가를 예견하고 결정하는 일을 하는 사람이다. 이 책에서 나는 유독 이 문장이 눈에 들어왔다.

"중요한 것은 내가 지금 뛸 수 있는 1킬로미터에 집중하는 거였다. 그러다 보니 달릴 수 있는 거리가 조금씩 늘어난 것처럼."

정치인 이정미가 집중해야 하는 인생과 일의 1킬로미터는 무엇일까. 오직 하나, '재선'이다.

진보정치의 확장과 성장의 출발점은 정의당에 '재선' 정치인이 나오는 것이다. 그 어려운 일을 완수하는 게 나의 1킬로미터다. 정당은 집권을 포기하는 순간 존재의미가 사라진다. 정의당이 독자적 집권가능성을 갖는 첫 출발은 정치인 이정미의 재선이다.

나는 정의당의 든든한 배경이 되고 싶다. 정의당의 '다음'을 보여주는 정치인이 되고 싶다.

어떤 사람은 1킬로미터에 집중하는 것도 중요하지만 일을 개괄적으로 보는 것도 중요하다고 말한다. 옳은 말이다. 1킬로미터에 집중하면서, 동시에 몇 킬로미터가 남았는지 보는 태도는 중요하다. 그러나 정치는 조금 다르다. 이른바 '큰 그림'을 그리는 정치인이 독배를 마시는 걸 많이 보아왔다. 순리를 거스르는 목표는 실패한다. 국민은 주어진 일에 최선을 다하고 실질적인 성과를 내는 정치인을 마음에 둔다.

그래서 나는 1킬로미터에 더 집중하려고 한다. 지금 나에게 주어진 진보정치의 사명에 최선을 다하는 정치인이 되려고 한다.

정당과 정치인에게 선거는 숙명이다. 2017년 19대 대선에서 나는 심상정 후보의 전략기획본부장으로 일했다. 심상정 후보의 메시지, 여론조사 분석, 유세동선을 짜는 일을 맡았다. 내가 기획한 대선 전략은 '소신과 일관성 있는 대통령 후보'를 강조하는 것이었다. 정치공학보다 정책과 비전을 내세워 진보지지층을 공략했다. 민주당 경선 후에는 비슷한 정책 성향을 보인 이재명 후보의 지지층을 흡수하는 전략도 펼쳤다.

대선 결과 심상정 후보는 6.17퍼센트를 득표해 5위에 올랐다. 4위 유승민 후보(6.76퍼센트)와는 19만여 표 차이였다. 광주, 인천, 울산, 대전, 세종, 경기, 충남, 충북, 전남, 전북, 제주에서는 유 후보를 제치고 4위를 차지했다. 역대 진보정당 후보 중 최고득표율이었다.

2017년 7월 11일, 나는 정의당 대표로 선출됐다. 전국 동시 당직선거에서 56.05퍼센트 득표율로 1위를 차지했다. 끝까지 선의의 경쟁을 펼친 박원석 후보에게 다시 한 번 감사드린다.

나는 취임연설에서 "당원들과 주권자들을 향해 제 몸을 더 낮추겠다. 신발 끈을 더 단단히 조이고, 정의당의 더 큰 도약을 위해 사력을 다하겠다"고 다짐했다. 2018년 지방선거 승리를 발판 삼아 2020년 제1야당을 향해 나아가겠다는 로드맵도 제시했다.

2018년 6·13 지방선거는 아쉬움이 남는다. 광역단체장과 기초단체장에서는 한 명의 후보도 당선시키지 못했다. 서울시장 선거에서는 녹색당 후보에게도 뒤졌다. 촛불정국 이후 지지율이 높아진 만큼 정의당은 철저히 준비했다. 선거 결과 광역의원 11명, 기초의원 26명을 배출했다. 비례대표는 광역의원 10명, 기초의원 9명이었다. 광역 비례대표는 10퍼센트 이상 지지율을 얻은 곳도 많았고, 20퍼센트에 도달한 곳도 나왔다. 광역 비례 합산득표율은 8.97퍼센트였다. 그러나 정의당은 지방선거 이후 지지율을 두 자릿수로 끌어올렸다. 2018년 6월 말 지지율은 10.1퍼센트로 창당 이후 첫 두 자릿수에 올랐고, 8월 초에는 14퍼센트까지 올랐다. 일부 여론조사에서는 한국당을 제치고 2위에 오르기도 했다.

국민이 직접 밝힌 '촛불' 이후 정의당은 두 차례 큰 선거를 치르며 국민 앞으로 한 발짝 더 나아갔다.

당대표에 오르며 나는 정의당의 목표를 '집권 가능한 수권정당'으로 정했다. 그 첫 단계로 원내 영향력 확대를 기치로 내걸었다. 이를 위해서는 더불어민주당과 자유한국당을 설득해 선거제도 개편을 이뤄내야 한다. 내가 연동형 비례대표제 도입을 강력하게 주장하는 까닭이다.

연동형 비례대표제는 정당 득표율에 비례해 의석을 배분하는 선거제도다. 정당 득표율만큼 의석수를 배분받고 지역구 당선인 숫자가 배분의석수에 미치지 못하면 비례대표로 의석을 채우는 방식이다. 정의당은 지역구 기반이 낮아서 지지율보다 낮은 국회 의석수를 지닌다. 정당 지지율과 의석수를 일치시켜 국민의 의사를 올바르게 반영해야 한다.

이정미 하면 '연동형 비례대표제 도입'을 요구하며 단식농성을 벌여 선거제 개편 논의를 이끌어낸 모습을 기억하는 분들이 많다. 2018년 12월 7일부터 15일까지 나는 손학규 바른미래당 대표와 함께 선거제 개편을 요구하는 단식농성을 벌였다. 정의당은 바른미래당, 민주평화당과 함께 예산안 처리와 선거제 개편을 연계해 처리할 것을 주장했다. 그러나 더불어민주당과 자유한국당이 나머지 정당을 배제한 채 예산안을 처리해서 단식농성에 들어갈 수밖에 없었다.

단식농성을 이어가자 여야 5당 원내대표는 2018년 12월 15일 연동형 비례대표제 도입을 위한 구체적 방안을 검토하기로 합의했다. 2019년 1월 임시국회에서 선거제도 관련 법을 처리하기로 뜻을 모았다. 심상정 정치개혁특별위원장도 2018년 12월 안에 특위안을 마련하기로 했다. 그러나 자유한국당이 선거제도 개편에 소극적 태도를 나타냈다. 단식이 해제되자마자 손바닥 뒤집듯이 뒤집는 일이 벌어지고 말았다.

당대표로 일했던 2년간은 유난히 많은 일이 있었다. 공동원내교섭단체 구성으로 국회 특수활동비를 폐지하고 진보정당 역사상 첫 특별위원장을 배출한 일, 지방선거에서 10퍼센트 가까운 득표를 하며 11개 지역에 광역의원을 배출한 일, 그 후 정당 지지율 두 자리 수를 넘겼던 일, 선거제도 개혁을 위한 단식농성을 시작으로 패스트트랙을 성사시켰던 일, 각 정당의 모든 당대표들이 총력을 기울였던 창원성산 재보궐 선거를 승리로 이끌었던 일⋯⋯.

그 길목마다 당원들의 피땀 어린 노력과 국민들의 성원으로 정의당을 차곡차곡 성장시켜왔다.

내 임기의 가장 큰 성과는 선거 때만 되면 찾아오던 정의당 내부의 패배주의를 사라지게 했다는 것이다. 창당 이후 고된 시간을 보내며 '이번 선거에서 우리는 나아질 수 있을까' '이번 선거 결과에 따라 정의당의 생존이 달려 있다'는 식의 예단이 많았다. 패배의식은 대선을 성과 있게 치른 후에도 계속되었다. 내가 당대표가 되기 전 '다음 당대표는 지방선거가 무덤이 될 것이다'는 말이 떠돌았다. 그러나 도전을 피하지 않은 우리에게 패배주의는 사라졌다.

아직 부족하고 갈 길이 멀지만, 우리는 그다음의 정의당, 또 그다음의 더 나은 미래를 기대하고 준비하고 있다.

대한민국 여성 국회의원이라면 우리 사회의 유리천장을 뚫고 나온 사람으로 보인다. 하지만 번쩍번쩍한 금배지 안에서도 또다른 유리천장은 존재한다. 국회도 그렇고, 공직사회도 그렇고, 진보정당도 다르지 않다. 어정쩡한 50대 초반의 나이, 초선, 그것도 비례대표이면서 당대표라는 점에 불편해하는 시선이 존재한다. 그러나 나는 우리 정치의 편견과 정면으로 맞섰다. 정치에 도전하는 후배들에게 난관은 있지만 깰 수 없는 일이 아님을 보여주고 싶었다. 꼬박 2년, 그 도전을 하루도 멈추지 않았다.

나는 앞으로도 지난 2년을 밑거름 삼아 청년정치인들과 함께할 것이다.

2020년 총선에서 나는 인천 연수구 을(송도)에 출사표를 던졌다. 송도국제도시에 '이정미 정치 카페테라스'라는 사무실을 내고 준비하고 있다.

2019년 7월 22일 송도국제도시 인천글로벌캠퍼스 대강당에서 '토크 콘서트' 형식을 빌려 의정 보고회도 열었다. 뮤지션 요조와 공동으로 진행한 토크 콘서트에는 정의당 심상정, 여영국 의원 등이 참여해주셨다. 당대표로 일하며 겪은 사연과 감동, 송도 현안 해결을 위해 주민들과 소통하며 느꼈던 점을 진솔하게 나눈 시간이었다.

2019년 7월 12일, 정의당 대표 임기를 마치자마자 총선 지역구 준비에 박차를 가하고 있다. 2년 전만 해도 인사를 드리면 '왔어-' 하는 분위기였는데, 지금은 만나는 분들마다 반갑게 인사를 나눠주신다. 당대표로 일하면서도 지역구에서 부지런히 일한 결과다.

다른 정당 후보는 당이 배경이 된다. 당의 후광을 바탕으로 정치를 한다. 그러나 나는 그렇지 않다. 주민들이 나를 바라보게 하려면 몇 배 더 열심히 뛰어야 한다. 내가 열심히 뛴 만큼 우리 주민들에게 몇 배 더 많은 이익을 안겨줄 수 있다. 다른 정치인보다 더 일찍 일어나고 더 늦게 자겠다는 자세로 다가갈 때 민주당-자유한국당 구도를 허물 수 있다고 생각한다.

나는 인천 연수구 을에서 반드시 재선할 것이다. 그리하여 정의당의 든든한 배경이 될 것이다.

정의당 정치인에겐 대한민국 모든 선거구가 '험지'다. 보수 양당체제가 확고한 이 나라에서 진보정치에 안온한 곳은 한 곳도 없다. 정의당은 늘 어려운 조건이다. 다른 정치인보다 두세 배 열심히 해야 한다. 그래서 나는 매일 새벽에 일어나 늦은 밤까지 일한다. 주민을 위해 일하는 사람이 누구인지 알리려고 노력한다.

지금 인천 연수구 을 지역구 의원은 민경욱 자유한국당 전 대변인이다. 송도는 국제도시로서 품격을 갖춰야 한다. 주민들이 우리 지역구도 품격 있는 정치인이 있으면 좋겠다고 말씀하신다. 신도시다보니 젊은 층도 상당히 유입되고 있다. 젊은 분들이 기존 사고에 얽매이지 않고 변화를 폭넓게 수용해서인지, '정의당도 괜찮네'라는 분위기가 생겼다.

지금까지 인천은 여성 지역구 국회의원을 한 번도 배출한 적이 없다. 내가 첫 번째 지역구 여성 의원이 되려고 한다.

당대표 임기를 마친 이정미에게 최우선순위는 다선의원으로 자리매김하는 것이다. 비례대표로 국회에 발을 들였지만, 2020년 총선에는 반드시 지역구에 입성할 것이다. 당의 총선 승리와 진보정치의 미래를 위해 인천 연수구 을에서 반드시 승리해 돌아오는 것. 그것이 당이 나에게 부여한 소임이자 성취해야 할 목표다.

나는 이곳에서 반드시 승리할 것이다. 정의당 대표 이정미가 '지역구 당선'으로 재선하는 건 한국정치사에 획을 긋는 일이다. 차세대 진보정치의 초석을 닦는 일이다.

한국 진보정치 1세대는 권영길, 강기갑, 고(故) 노회찬 전 의원, 심상정 의원으로 상징된다. 그러나 아쉽게도 1세대 정치인 이후 비례대표 당선 후 지역구에서 당선된 진보정치인은 한 명도 없다. 나는 당대표로 일하며 정의당 지지율을 10퍼센트 안팎으로 끌어올리고, 창원 성산 보궐선거 승리를 이끌며 당의 성장과 안정화에 기여했다는 평가를 받았다.

이제 정치인 이정미에게 남은 과제는 지역구 당선이다. 지역구 당선과 원내교섭단체 구성으로 한국정치의 새 지평을 열고 싶다.

사실 양당체제가 공고화된 한국 사회에서 진보 정치를 한다는 것은 쉬운 일이 아니다. 기성세대는 아직도 편견이 가득한 시선으로 정의당을 바라본다. 그럴수록 나는 그분들을 한 번 만나고, 두 번 만나고, 세 번 만나는 '작전'을 구사한다.

얼마 전 지역구에서 존경받는 연수구 노인회장을 찾아뵈었다. 노인회장은 나에게 정의당의 여러 정책에 비판적인 의견을 내놓았다. 그러나 나는 당황하지 않고 그 문제에 대해 차분히 토론하였다. 그러면서도 그분이 어떻게 받아들일지 걱정되었다.

얼마 후 놀라운 일이 일어났다. 지역구 사무실 개소식에 노인회장께서 찾아와주신 것이다. '이래서 정치를 하는구나'라는 기쁨을 느꼈다.

누구나 자신과 통하는 사람과 일하고 싶어 한다. 그러나 정치는 나를 지지해주는 사람은 물론 나를 반대하는 사람, 나와 맞지 않는 사람의 마음까지 얻어야 하는 특수한 일이다. 완전한 소통에 이르지 않더라도 당신을 향한 나의 진심을 받아준 노인회장의 사례처럼 소통이 되지 않을 것 같은 사람과 대화에 이르는 과정이 즐겁다.

거대 정당에 비해 정의당의 인지도가 떨어지지 않느냐고 걱정하는 분들이 있지만, 이정미의 인지도만큼은 대선 후보급이라고 말씀해주시는 분들도 많다. 다행히 나를 모르시는 분은 없는 듯하다. 정의당 대표로 일하면서 이정미를 확실히 알렸다. 이제 인지도를 '지지'로 바꿔야 한다.

지역 주민들은 '이정미가 당대표가 되고 나서 정의당에 대한 이미지가 좋아졌다'고 말씀하신다. 좀 더 친근하고 가까워졌다고 하신다. '진보정당은 완고하고 폐쇄적'이라는 느낌에서 대중적이고 친근한 정당이 됐다고 칭찬하신다.

나는 인천 연수구 을 주민들의 절대적 지지를 받는 정치인이 되고 싶다. 내가 믿을 것은 오직 하나. 사람은 결국 사람을 알아본다는 것이다.

사람은 본능적으로 안다. 저 사람이 나를 진심으로 좋아하는지, 아니면 나를 단순히 이용하려 드는지. 나는 자신 있다. 비록 생각이 다르더라도 그 '다름'을 수용할 태도가 되어 있다는 마음으로 나아갈 때, 그분들도 결국 나를 알아주실 것이다.

소통은 간절함에서 나온다. 사람의 마음을 얻겠다는 간절함. 물론 나도 사람에게 미움 받고 욕먹는 것이 두렵다. 그런데 여성, 초선, 비례대표라는 불리한 조건을 극복하며 당대표로 일한 시간이 나를 성장시켜주었다.

오직 능력으로, 오로지 실력으로. 연설문 한 줄도 대충 할 수 없다는 절박함. 그 간절함과 절박함을 무기 삼아 나는 오늘도 지역구 현장을 누빈다. 나를 좋아해주는 분들은 물론 나를 멀리하는 분들에게까지 손을 내민다. 밝은 얼굴로 인사드린다. 귀를 쫑긋 세우고 그분들의 말을 경청한다. 그게 내가 생각하는 '정치'이니까.

정의당이 자신하는 '큰 변화'는 제3당에 대한 국민의 선택이다. 국민들은 거대 양당 대신 제3당 정의당을 주목할 것이다. 그 선택을 받을 만한 내적 역량을 쌓는 것이 정의당의 과제다. 좋은 후보와 좋은 정책이 필요하다. 지난 총선보다 후보를 많이 내야 한다. 정의당의 진보정치에 동의하는 좋은 인사들을 영입해야 한다.

시대적 화두는 불평등과 양극화다. 기득권 중심의 체제를 어떻게 변화시킬 것인가. 이에 대한 명확한 답을 줘야 한다.

나무를 키울 때 가장 중요한 건 눈에 보이는 줄기가 아니라 흙 속의 뿌리라고 한다. 당대표 2년은 정치인 이정미의 든든한 '뿌리'를 키웠던 시간이었다. 그 전까지 눈에 보이게 자라는 걸 목표로 삼던 내가 내실 있는 정치인이 되고자 집중했던 시간이었다.

"내가 정말 배워야 할 모든 것은 나무에게서 배웠다"고 고백하는 30년 경력의 나무 의사 우종영 선생은 어떤 고난이 닥쳐도 살아남을 수 있는 힘을 비축하는 시기, 뿌리에 온 힘을 쏟는 나무의 어린 시절을 '유형기'라고 부른다. 나무는 유형기를 보내는 동안 바깥세상과 상관없이 자신과의 싸움을 벌인다. 그 시간 동안 나무는 하늘을 향해 몸집을 키우지 않고, 어두운 땅속에서 길을 트고 자리를 잡는다. 그 시간을 거친 나무는 튼튼하게 골격을 만든다. 가뭄을 너끈히 이겨낼 근성을 갖춘다. 나무의 유형기는 평균 5년이다. 5년의 유형기를 거친 후에야 비로소 하늘을 향해 줄기를 뻗기 시작한다.

지난 총선에서 비례대표로 국회에 발을 디딘 4년의 시간, 그 사이 당대표 일했던 2년의 특별한 시간이 나에겐 '유형기'였다. 좋은 일도 많았고 생각하고 싶지 않을 정도로 슬픈 일도 있었다. 『나는 나무에게 인생을 배웠다』에서 우종영 선생은 고백한다. 인생에서 정말 좋은 일들은 쉽게 찾아오지 않는다고. 값지고 귀한 것을 얻으려면 그만큼의 담금질이 필요하다고. 다행이다. 유형기의 시간이 있었기에 지금 나는 어떠한 환경에서도 버틸 수 있는 어른 나무가 되었다. 내가 살고 있는 인천 연수구 을 주민들에게 당당히 '나를 뽑아달라'고 말할 수 있는 정치인으로 자라날 수 있었다.

나는 '나무'와 같은 정치인이 되고 싶다. 늘 그 자리에서 말없이 있는 정치인, 더워도 추워도 불평하지 않고 오로지 뿌리에 힘을 쏟는 나무 같은 정치인으로 살고 싶다.

2장

이정미,

얼굴 없는
시민들과 함께

얼굴 없이 살아가는 사람들이 있다. "원룸 옆방에서 누가 '똑똑'거려도 무서워서 나가보지 않아요"라는 청년. "작은 가게에서 소리쳐봐야 나밖에 없다는 사실에 무너져내립니다"라는 제빵기사. 뒤돌아서는 나에게 "우리 이야기를 해줘서 고맙습니다"라고 외친 비좁은 아이스크림 가게의 아르바이트생.

왜 이렇게 삶이 엉켜버렸는지, 누구에게 하소연해야 하는지 모른 채 얼굴 없이 살아가는, 내가 만난 청년들의 이야기다.

2017년 대선 한복판에서 정의당은 청년들과 마주했다. 그들에게 말을 걸었을 뿐인데 그들은 세상에 얼굴을 내밀었다. 위로해줘서 고맙다고, 자신들을 포기하지 말아달라고 응답했다.

정의당의 길은 정해졌다. 세상 대부분을 차지하면서도 밖으로 밀려나 얼굴 없이 살아가는 사람들. 우리가 곁을 지켜 그들을 세상의 주류로 만드는 것이 정의당의 비전이다. 촛불이 갈망한 삶의 교체다.

정의당은 '얼굴 없는 민주주의'를 끝낼 것이다. 30년 양당질서는 수많은 얼굴을 한국정치에서 지웠다. 엄연히 존재하는데도 한 사람의 시민으로 대표되지 않았던 그들은 아직도 직장으로 돌아오지 못한 '82년생 김지영'이고, 심상정 후보의 '1분 발언'에 조용히 눈물을 흘리던 성소수자이고, 취객의 갑질에 지친 편의점 노동자이고, 아무 대책 없이 빚만 쌓여가는 주름살 깊은 농민이다.

30년 양당질서가 만든 이 '얼굴 없는 민주주의'는 대한민국을 불평등, 불공정, 불안이 가득한 나라로 만들었다.

정의당과 이정미는 '얼굴 있는 민주주의'를 추구한다. 용기 내어 나를 찾아온 시민들이 다시는 얼굴을 빼앗기지 않도록 정의당과 이정미는 더 강해지고 더 유능해질 것이다.

정의당은 이제 '집권을 꿈꾸는 유력 정당'으로 발전할 것이다. 우리 사회 약자들의 삶을 바꾸는 정당이 될 것이다. 정의당은 '소외된 다수를 한국 민주주의 주류'로 만들 것이다. 불가능한 목표가 아니다. 한국정치는 근본적 재편기에 돌입했다. 지금 필요한 것은 세상을 바꿀 비전과 상황을 주도하는 용기다.

정의당은 한국정치의 주류를 교체할 것이다. '일하는 사람들'이 민주주의의 주류가 될 것이다.

우리가 대변하는 '노동'의 다른 이름은 '여성'이고 '청년'이며 '비정규직'이다. 격차와 차별에 시달리는 여성의 노동, 역사상 처음으로 부모세대보다 가난해진 청년세대의 노동, 나쁜 일자리의 늪에 빠진 비정규직의 노동을 대변할 것이다.

노동이 주류가 된 대한민국에서 노동조합은 더욱 강력해질 것이다. 작업장의 교섭에만 매달리는 노조는 종이호랑이일 뿐이다. 일하는 사람 모두를 위해 싸우는 진정한 강성노조가 되어야 한다.

일터 바깥으로 밀려난 노동자, 가난으로 의료 혜택에서 배제된 사람들을 보호하기 위해 더 버는 사람이 더 많은 세금을 내자고 주장하는 노조가 강성노조다. 우리 사회의 다수이지만 소외된 이들을 정치의 중심으로 이끄는 것. 그것이 노동의 이름으로 승리하는 집권 전략이다.

정치인은 늘 두려움을 느끼며 살아간다. 권력을 쥐고 큰소리치는 것처럼 보이지만 자신의 정치 행위가 어떻게 비칠지 안절부절못한다. 안티라도 있으면 다행이다. 의정 활동을 하며 이름 석 자 새기지 못하고 떠나는 정치인들이 얼마나 많은가. 그건 나도 마찬가지여서 말없이 걷기만 하다가 돌아가는 건 아닐까 두렵다. 언론으로부터 똑같은 질문을 받을 때마다 똑같은 대답을 하는 게 망설여진다. 같은 메시지를 반복하는 것에 국민들이 지루해하면 어쩌나 자책한다. 그러나 미국의 민주당 상원의원 버니 샌더스가 수십 년 도전 끝에 자신의 정치 메시지를 유권자에게 각인시킨 것처럼 나는 나의 신념을 반복할 것이다.

국민들은 여전히 이정미를 모른다. 이정미의 정치를 모른다. 아직 나의 메시지를 듣지 못한 국민들을 바라보며 뚜벅뚜벅 걷는다. 어제의 메시지, 아니 평생 내가 추구해야 할 메시지를 강조하고 또 강조한다.

정치인은 자신의 메시지를 전하기 위해 고심한다. 정치인은 자기인정 욕구가 강하다. 박수 받는 걸 좋아한다. 사람들이 나를 알아주지 않으면 불안해한다. 그래서 국민에게 다가가기 위해 여러 모양을 궁리한다. 그러나 정치에서 중요한 것은 정치의 모양이 아니라 국민과 '마음'의 관계를 맺는 것이다. 정치인은 자신을 알리는 것보다 우리 사회에 산적한 문제들에 접촉면을 넓히는 데 몰입해야 한다. 먹고사는 문제에 쫓겨 국민들이 헤아리지 못하는 삶의 문제에 가장 먼저 다가가고, 가장 오래 지켜봐야 한다.

국민들의 삶의 현장을 찾고 국회라는 무대에 서는 것. 그것이 정치의 의무다.

정치인은 사람을 상대하고 자신의 매력을 소구하는 사람이다. 대중을 상대한다는 점에서 연예인, 예술인과 닿아 있다. 베테랑 정치인일수록 '연기력'이 뛰어나다. 연기를 마다하지 않는 정치인들을 보면서 '나도 연기를 해야 하나'라는 생각을 갖곤 한다.

얼마 전 설경구, 전도연 주연의 영화 <생일>을 보았다. 영화는 우리가 '세월호'에 대해 기억하고 통과해야 할 감정을 섬세하게 표현했다. 세월호를 겪은 부모를 어쩜 저렇게 표현할 수 있을까. 크게 감동했고 그만큼 슬펐다. '순남' 역을 맡은 전도연 씨는 대본을 받고 회피했다가 결국 영화를 찍게 되었다고 한다. 전도연이라는 배우가 아니면 누가 공감과 공유와 기억으로 호소하는 기다림의 시간을 연기할 수 있을까. 그런 생각이 들 정도로 그의 연기는 훌륭했다.

영화를 보면서 나는 정치인에게 가장 중요한 능력은 '공감'이라는 것을 깨달았다. 국민들의 이야기를 경청하고, 고개를 끄덕여주고, 진심으로 행동하는 사람. 돌이켜보면 내가 정치하길 잘했다고 느끼는 대목마다 그런 '이정미'가 있었다. 어려움에 처한 사람들의 이야기를 듣고, 그들의 문제를 발 벗고 나서서 해결할 때 나는 보람을 느낀다.

좋은 노래를 오래 부르는 사람, 좋은 연기를 오래하는 사람은 대중의 마음과 공감하는 능력을 쌓은 결과로서의 인물일 것이다. 그건 정치도 마찬가지여서 상대방의 마음을 헤아리는 능력을 가진 사람이 정치를 해야 한다. 연기력이 출중한 정치인이 아니라…….

'세월호 참사 유가족들이 영화를 보았을까.' '만약 보았다면 그 슬픔을 어떻게 감당했을까.' 영화 <생일>을 보고 나서 그런 생각이 들었다. 영화 제작사는 최종편집본이 나오기까지 두 번의 유족 대상 시사회를 가졌다고 한다. 단원고 아이들의 이야기가 영화에 담길 수 있는 세상이 되었다며 고마움을 전한 부모, 제목 때문인지 아이의 생일을 더 이상 챙길 수 없어서 미안하다는 부모…… 부모들이 전한 후기를 듣는 것만으로도 울컥해진다.

죄 없는 죄책감. 세월호는 우리에게 전대미문의 슬픔과 죄책감을 안겨주었다. 죽은 아이들을 생각할 때마다 기성세대는 '죄인'이 된다. '세월호, 이제 그만할 때도 되지 않았느냐'는 사람들에게 영화는 이렇게 묻는다.

우리는 세월호를 얼마나 알고 있나요?

영화 <생일>은 유족이 결국 일상으로 돌아가야 한다고 말한다. 그러나 아무리 시간이 흘러도, 공간이 바뀌어도 예전의 일상과 같지 않을 것이다. 그건 정치를 하는 나도 마찬가지여서 아무리 세월호를 슬퍼해도 상처 입은 이들에게 어떠한 위로가 되지 못함을 알고 있다.

그럼에도 내가 세월호를 가슴 깊이 간직하는 이유는 단 하나. 세월호 이후의 대한민국을 조금이라도 바꿔야 한다는 '정치의 의무' 때문이다.

순수함으로 가만히 있다가 우리 곁을 떠난 어린 학생들을 도저히 잊을 수 없다. 이제는 하늘의 별이 된 아이들은 우리에게 애도와 공감의 이름으로 반짝인다. 세월호를 왜곡하는 이들이 존재하지만, 나는 대다수 국민들의 슬픔에 희망을 건다. 세월호 이후, 나는 공감하는 정치인이 되려고 노력하고 있다. 나와 현실, 나와 타인 사이에 마음의 공간을 갖는 사람이 되려고 매일매일 나를 돌아본다.

2019년 5월 15일 인천 송도에서 어린이들이 탑승한 유소년 축구클럽 차량의 교통사고로 어린이 2명(태호, 유찬)이 숨지고 6명이 크게 다치는 사고가 일어났다. 사고 차량은 어린이가 탑승하고 있었음에도 통학 차량이 아니라는 이유로 보호자 동승과 탑승 어린이에 대한 안전 조치를 취하지 않았다. 나는 어린이 통학버스의 사각지대 해소와 통학안전 강화를 위해 '도로교통법'과 '체육시설법' 개정안 처리를 촉구했다.

이른바 '태호 유찬이법'으로 불리는 개정안은 태호·유찬이 부모님을 비롯해 21만 명의 청와대 청원 동의자들이 동의해주었다. '송도맘카페' 회원들은 '태호 유찬이법'을 만들기 위한 국민청원이 16만 명에 멈췄을 때 태호와 유찬이의 '엄마'가 되어주었다. 그 결과 5일 만에 20만 명의 청원에 도달하는 기적이 펼쳐졌다. 머리 숙여 감사드린다.

'태호 유찬이법'은 어린이 안전강화를 염원하는 국민들의 바람이다. 불의의 사고로 일찍 떠난 태호, 유찬이와 많은 어린이들, 그리고 그 가족들의 고통과 슬픔을 외면하지 않겠다는 다짐이다.

정치인이라면 누구나 과거를 검증하는 절차를 거쳐야 한다. 장관 등 고위공직자에 임명된 사람들이 청문회를 통과하지 못하거나, 통과하더라도 이미지가 실추되는 경우를 많이 보아왔다. 나는 정치인의 '나이'에서 그 이유를 찾는다.

일반적으로 정치를 본격적으로 시작하는 나이는 40대 중후반이다. 사회에서 성공했다고 여겨지는 사람들이 정치에 진입하다보니 '과거'의 성공을 평가받는다. 과거를 검증하는 일이 필수다. 그렇다면 이건 어떨까. 회사에 신입사원으로 들어가 직급을 밟는 것처럼 청년 시절부터 정치인이 되겠다는 사람들을 육성하는 것이다. 그런 사람이라면 집을 여러 채 구입하지 않을 것이고, 자녀 교육을 위해 위장전입을 하지 않을 것이다.

일반적으로 40대가 '의사를 해볼까' '변호사를 해볼까' 하는 경우는 흔치 않다. 그런데 정치는 '해볼까' 생각한다.

얼마 전 의원 연수차 독일에 갔다가 인상적인 경험을 했다. 독일은 각 정당 내에 청년당이 독립적으로 존재한다. 기민당, 사민당의 청년당 수는 14세부터 당에서 당직을 맡았다고 한다. 10대 시절부터 정당 활동을 하면 스무 살에도 정치인의 책임을 다할 수 있음을 독일에서 확인했다. 우리는 어떤가. 4·19 때 중·고등학생들이 주도적 역할을 하는 것에 겁먹고 입시교육으로 그들의 정치활동을 금지시켰다. 대학에서도 교양 수준으로 정치를 배울 뿐 '직업'으로 생각하는 청춘은 거의 없다.

지금이라도 정당 활동 가능 연령을 낮춰야 한다. 우리도 선진국처럼 13-14세부터 정당 활동을 시작할 수 있는 과감한 제도 개혁이 필요하다.

나는 청년정치에 희망을 건다. 정당 안의 정당, '청년정의당'을 건설해야 한다. 청년정치에 더 이상 '나중에'란 없다. 당으로부터 준(準)독립된 청년정의당에 과감히 자리와 재정을 내주는 것이 시급하다.

청춘이 우리 시대의 화두다. 우석훈 교수의 '88만
원 세대' 이후 이른바 '청춘론'은 우리 사회가 해
결해야 할 시급하고 중대한 문제가 되었다. 싱그
럽지만 마냥 행복하지만은 않은 청춘을 보면서
나의 그 시절을 돌아본다. 생각해보면 청춘의 이
정미도 괴로웠다. 물론 그 시절은 사회 진입이 쉬
웠다. 그러나 대학에 진학한 20퍼센트 청춘에게
만 가능했다. 그렇다고 대학에 들어간 청춘은 행
복했을까. 그 시절 많은 청춘이 '운동권'이 된 것
은 행복하지 않았다는 증거다. 전 세계 베스트셀
러인 『자본론』을 숨어서 읽던 그때의 청춘도 불
행했다고 나는 생각한다.

과거의 청춘은 좋았고 지금의 청춘은 불행하다
는 이분법적 시각에 나는 문제의식을 갖는다.

나는 청춘에게 '무엇을 해야 할까?'를 묻고 싶다. 그들이 죽기 살기로 경쟁해서 대기업, 공기업에 들어가는 것보다 세상을 바꾸는 꿈을 꾸기를 원한다. 다행히 박근혜 탄핵촛불을 기점으로 젊은 세대들이 정치에 관심을 갖게 되었다. 위안부 할머니, 젠더 등을 주제로 자신들의 목소리를 활발하게 내고 있다.

탄핵촛불은 2008년 광우병 촛불집회와 달리 '대안'을 내놓았다. 2008년 광우병 촛불집회에서 시민들은 정치인을 배제시켰다. 하지만 이번에는 '탄핵'이라는 대안을 생각한 시민들이 정치인을 참여시켜주셨다. 그 중심에는 우리 사회를 진정으로 고민하는 청춘의 역할이 컸다고 생각한다. 정치를 하면 할수록 국민들이 위대하다는 생각이 든다.

이제 선거법을 고쳐야 한다. 시민들이 정치의 중요성을 깨달았다. 그런데 시민들이 정치에 참여하는 방식에 제한이 많다. 선거연령 19세로는 청년들의 정치 참여가 어렵다. 대한민국 청년세대의 고통은 이루 말할 수 없다. 그런데 국회는 50-60대 남성이 자리 잡고 있다. '탄핵'으로 완성된 촛불혁명은 정치제도를 바꿀 때까지 타올라야 한다.

나는 연동형 비례대표제로 비례대표 중심으로 국회의원을 뽑게 되면 청년정치인을 30퍼센트까지 공천해야 한다고 주장한다. 그것이 바로 정치개혁의 시작이다. 선거법 개혁은 국회의 얼굴을 바꿀 것이다.

촛불 이후 정치의 소중함을 인식한 국민들이 많아졌다. 정치인이 미워도 국회에서 논의되고 법이 되어야 현실을 바꾼다는 것을 깨달은 국민들이 나에게도 많은 것을 요구하신다. 하나하나 경청하고 메모하며 일하고 있다.

정치는 혁명이 아니다. 정치는 다양한 이해관계를 가진 집단과 이해관계 사이에서 벌어지는 갈등을 절충하고 타협하는 행위다. 누군가를 100퍼센트 만족시키는 법은 없다. 내가 2020년 총선에서 반드시 당선하겠다고 다짐하는 이유다. 나를 응원하는 국민들을 완전히 만족시키지 못해도 국회라는 테두리에서 국민에게 꼭 필요한 법을 만들고 싶다.

나는 가급적 나와 같은 경험을 한 사람, 같은 세대와의 만남은 피하고 있다. 나와 다른 영역에서 다른 경험을 가진 다른 세대를 만나려고 노력한다. 나는 청년들을 이해하고 해석하겠다는 생각을 포기했다. 내가 아무리 노력해도 그들을 이해할 수 없다는 걸 알고 있다. 그럼에도 나는 많은 청년들을 만난다. 그들의 목소리를 듣는다. 청년들의 고민을 해결하겠다는 단순한 발상이 아니라 내가 쫓아가지 못할 정도로 변화하는 시간 속에서 청년들의 감수성과 문화를 알고 싶어서다.

SNS의 좋아요, 유튜브······ 청년들의 관심은 기성세대보다 한결 절박하다는 인상을 받는다. 밑도 끝도 없는 소통방식에 당황한 적도 있다. 그럼에도 나는 알고 싶다. 청년의 마음, 청년의 니즈. 그들을 위한 정책을 만들고 싶다. 그들의 이야기를 세상에 알리고 싶다.

세계를 뒤흔드는 '방탄소년단'의 노랫말을 읽어 본다. 그들의 노랫말이 사람들을 들었다 났다 하는 이유는 그들이 10대와 20대 이야기를 하기 때문이다.

2018년 지방선거에서 서울시장 후보로 나섰던 녹색당 신지예 후보도 좋은 예다. '페미니스트 서울시장'을 표방한 신 후보는 1.7퍼센트를 득표하며 4위를 했다. 정의당 김종민 후보도 좋은 의제와 정책을 던졌지만 여성들은 신지예 후보를 선택했다. 같은 이야기여도 '메신저'가 누구냐가 중요한 세상이다. 사람들은 '누가' 이야기하느냐를 따진다. 이제 정치는 청춘이 이야기하는 공간을 열어주는 일에 충실해야 한다. 이정미는 청춘 앞에 놓인 장벽을 깨뜨리는 역할에 충실할 것이다.

지난 창원 보궐선거는 노회찬 대표의 빈 자리를 채우는 선거였다. 나로서는 절대 질 수 없는, 져서도 안 되는 선거였다.

나는 선거를 두 달여 앞두고 아예 짐을 싸들고 창원으로 내려갔다. 여영국 후보는 너무나 훌륭히 잘 싸워주었다. 창원은 정의당의 제2당사와 다름없었다. 나와 함께 내려온 당직자들과 전국에서 달려온 당원들은 혼신을 다했다. 자유한국당과 일대일 구도까지 만들고 여론조사에서도 앞서가고 있었다. 승리가 눈앞에 보이는 순간, 새벽에 급한 문자를 받았다. 이름도 처음 보는 보수단체가 괴동영상을 창원 시민들에게 뿌리고 있다는 것이다. 동영상은 내가 성소수자들의 집회에 참석하여 그들의 인권을 지지하는 내용과 우리 당의 김종대 의원이 발의한 군형법 개정안에 대한 비판을 담고 있었다.

우리나라 군형법에는 동성 간의 합의된 성관계조차 조건 없이 처벌하는 추행죄가 있다. 이는 특정한 성적 지향 자체를 처벌하는 반문명적인 법률이다.

정의당은 군형법의 해당 조항을 폐지하는 법률안을 냈다. 그러나 해당 동영상은 정의당이 항문성교를 조장한다며 온갖 혐오스러운 말로 비하하고 있었다.

당시 선거를 전후해 브루나이에서는 동성애자를 돌을 던져 죽이는 투석사형법안을 시행했다가 국제적으로 비난을 받았다. 우리가 민주주의의 상징국가로 여기는 미국은 동성혼을 합법화했다. 애플의 CEO 팀 쿡, 수많은 히트곡을 낸 가수 엘튼 존, 작곡가 차이콥스키도 성소수자다. 그들이 혐오와 낙인의 대상으로 살았다면 역사에 길이 남을 업적을 남길 수 있었을까? 대한민국에도 홍석천 씨처럼 자신이 성소수자임을 밝히고 사업가로, 연예인으로 성공한 경우도 있다.

그들은 자신의 삶을 살 뿐이다. 누구에게 피해를 입히지도 않는다. 동성애자들은 찬성과 반대의 대상이 아니다. 그들의 삶을 반대하는 것은 극단적으로 브루나이의 경우처럼 이 세상에 존재해서는 안 될 처형 대상으로 여기는 것, 집 밖으로 한 발짝도 나오지 못하고 사회에서 사라지라는 것과 같다.

그러나 우리 국민들의 인식도 바뀌고 있다. 2017년 갤럽 여론조사에 따르면, 동성애자들이 직장에서 동등한 취업 기회를 가져야 한다는 것에 90퍼센트가 찬성했다.

그날 동영상 유포소식에 나는 등골이 서늘함을 느꼈다. 이런 식의 반인권적인 마타도어는 내년 총선에도 등장할 것이다. 나를 공격할 마땅한 수단이 없을 때 이런 동영상이 또다시 떠돌 걸 생각하면 속이 쓰리다. 그러나 나는 사회의 편견과 낙인을 견디지 못하고 스스로 생을 마감한 사람들을 잊을 수 없다.

동영상이 유포된 날, 자유한국당 황교안 대표가 선거 운동을 위해 축구장에 난입한 사건이 벌어졌다. 그 사건으로 경남FC 구단은 2,000만 원의 벌금을 내는 불이익을 당했다. 누가 우리 사회에 가해자인가. 나는 오늘도 다시 되묻고 싶다.

여의도의 한 식당에서 제주에서 '책방무사'를 운영하는 요조와 식사를 했다. 한 잡지 인터뷰로 시작한 우리의 인연은 서로를 응원하는 사이로 돈독해졌다. 요조는 나의 정치 인생에 전환점을 가져다준 '시민'이다. 내가 정치인이어서인지, 그날 우리의 이야기는 '정치'로 흘렀다. 대화를 하며 우리는 각자에게 중요한 현대사가 다르다는 사실을 알았다. 1980년 광주민주화항쟁과 1987년 6월 민주항쟁을 중요하게 여기는 나와 달리 요조는 '강남역 여성혐오 살인사건'이 정치에 관심을 갖게 된 계기라고 말했다.

지금 우리 시대를 만들어가는 젊은 사람들의 시선으로 정치와 역사를 바라보게 된 결정적 계기였다.

2016년 5월 17일 오전 1시경, 한 여성이 세상을 떠났다. 단지 여성이라는 이유만으로 영문도 모른 채 죽임을 당했다. 처음에는 슬픈 뉴스로만 생각했다. 그런데 SNS에 '#살아남았다' 해시태그를 단 여성들의 '생존 신고'가 이어졌다. '강남역 10번 출구'가 애도의 장소가 되었다. 그때 알았다. 그녀의 희생이 '사건'으로 흘러가지 않을 거라는 사실을.

요조는 그날 이후 페미니즘, 여성문제를 고민하게 되었다고 말했다. 페미니즘을 공부하며 세상의 약자들을 볼 수 있게 되었다고 말했다. 여성문제를 중심으로 자연스럽게 장애인, 아이, 노인, 동물문제 등 사회적 약자를 살피게 되었다는 그의 고백에 나는 정치가 가진 의무를 다시금 돌아보게 되었다.

지금은 노동자라는 말이 자연스럽다. 그런데 그 단어조차 없던 시대가 있었다. 공돌이, 공순이로 불렸던 시대. 사회의 중요 주체로서의 '노동자'라는 단어가 시민권을 형성한 건 1987년 6월 민주화항쟁 이후부터다. 노동자라는 말의 변화에서 알 수 있듯이 '여성'이라는 단어에도 큰 변화가 따라야 한다. 여성은 바꿀 수 있고 결정할 수 있는 시민이다. 그런데 우리는 그걸 인정하지 않는다.

강남역 여성혐오 살인사건은 우리에게 여성이라는 사회세력이 존재하고 있음을 보여준 결정적 분기점이다.

페미니즘이 우리 사회를 바꾸고 있다. 물론 그 개념이 여성과 남성에게 다르게 받아들여지는 것도 사실이다. 지금 우리는 혼란의 시간을 통과하는 듯하다. 페미니즘 안에서도 저마다 생각이 다르다. 페미니즘의 가치 아래 자기혼란의 시기를 보내는 것 같다. 나를 비롯해서 많은 여성들이 페미니즘의 혼란기를 지혜롭게 극복해야 할 것이다.

분명한 것은 혼란과 어려움 속에서도 페미니즘은 계속 전진해야 한다는 점이다. 페미니즘을 적극적으로 고민하고 실천하는 분들에겐 턱없이 부족하겠지만, 그럴수록 인내심을 갖고 한 발 한 발 나아가면 좋겠다.

나는 페미니즘의 핵심을 '차별'에서 찾는다. 핵심은 임금차별이다. 남성노동자와 여성노동자의 임금격차를 해결하는 데 주력하고 싶다. 여성노동자의 기본권이 우리 사회에 제대로 대접받는 것이 중요하다.

우리나라에서 비정규직 문제는 여성노동자의 문제라고 봐도 지나치지 않다. 외국계 기업이 한국에 들어와서 '젠더차액'을 챙겨간다는 말이 나돈다. 외국계 기업들이 우수한 여성노동자들을 채용해서 국내 기업이 갖지 못한 생산성을 취한다는 것이다. 결국 강제하는 수밖에 없다. 공직선거 여성할당 30퍼센트 의무화, 기업 여성임원의 일정 비율 의무화…… 제도화가 필수적이다.

2000년대 초반 여성학에 매진했던 시절이 있었다. 그때만 해도 페미니즘 도서가 온전치 않아서 젠더개념을 이해하는 데 어려움을 겪었다. 그러나 지금은 페미니즘의 대중화를 이끄는 좋은 책들이 많다. 엄마를 위한 페미니즘, 직장 여성을 위한 페미니즘, 선생님을 위한 페미니즘, 여성의 몸에 집중하는 페미니즘…… 모호하고 학문화된 페미니즘 도서에서 벗어나 한결 다양해졌다.

10대를 위한 페미니즘 책도 있다. 『페미니즘 탐구생활』은 페미니즘 기초 개념부터 일상 속 실천까지 망라한 '페미니즘 입문서'다. 나는 책에 나오는 26가지 일상 주제가 좋았다. 분노 표현하기, 마음껏 똑똑하기, 싫은 건 말하기, 특권 해체하기…… 페미니즘 교육이 어릴 적부터 일상화되는 시대가 왔다. 강남역 여성혐오 살인사건을 몸으로 겪은 여성들의 용기, 자신들의 목소리를 당당히 내는 1020세대의 변화가 기대된다.

강남역 여성혐오 살인사건은 우리 사회가 처음으로 여성의 죽음에 대한 분노와 추모를 사회적으로 확산시킨 사례다. 여성은 누구라도 '그녀'가 될 수 있다고 생각하게 되었다. 그러나 남성들은 여성 살해, 즉 '페미사이드(Femicide)'에 동의하면서도 여성들이 느끼는 공포와 분노를 공감하지 못하는 듯하다. 페미니즘에 열려 있는 남성조차 단순히 타자의 불행에 대한 공감으로 여긴다.

여성들은 수많은 폭력에 노출되어 있다. 그것이 사회적으로 공론화되지 않았을 뿐이다. 여성혐오(Misogyny)는 새로운 단어가 아니다. 그동안 여성혐오를 감수해온 여성들이 심각함을 인지하고 힘을 모아 연대하고 반격한 것이다.

우리 사회는 여성혐오 개념을 여성의 감정 차원
으로 생각하는 듯하다. 의식 있는 남성도 여성혐
오를 도덕성 차원으로 받아들인다.

여성혐오는 사회문화적 개념이다. 감정과 의식
을 넘어 제도적 차원에서 고쳐야 한다. 여성혐오
가 여성이 죽음에 이르는 특정한 사건으로 해석
되는 게 아니라 사회에 깔려 있는 젠더권력 관계
로 고민하고 해결해야 한다. 강남역 여성혐오 살
인사건에서 여성들이 분노했던 것은 가해자의
병력을 근거로 경찰이 "정신질환에 의한 범행"
이라고 간주했기 때문이다. 강남역 10번 출구의
핵심이 단순히 '조현병'(정신분열증)이었을까?

남성들은 얘기한다. 남성을 잠재적 가해자로 일반화하는 것이 불편하다고. 하지만 나는 남성들이 불편함을 두려워하지 않았으면 한다. 그래야 새로운 세계가 열릴 수 있다. 그 불편함 속에서, 그동안 남성 중심적인 이데올로기에 내면화된 여성혐오를 반성하고 성찰해야 한다.

모든 남성을 잠재적 가해자로 보는 것이 불편하다는 태도로는 현재의 젠더위계에 눈을 감아버리는 결과를 낳는다. 어떠한 변화도 가져오지 못한다.

2017년 기준 맞벌이 가구 비율은 44.6퍼센트다. 하지만 남성 육아휴직자는 육아휴직자의 18퍼센트에 불과하다. 맞벌이 시대는 왔지만 '맞돌봄 시대'는 오지 않았다. 육아는 여전히 여성 몫이다. '독박 육아'가 여전하다. 육아 책임을 온전히 지고 있는 여성에게 '맘충'이라는 혐오표현까지 등장했다.

돌봄의 사회적 가치를 저평가하고 여성에게 전가한 결과는 사회적 손실로 이어진다. 《경향신문》 기자로 일하다 두 아이를 키우기 위해 퇴사한 이고은 씨는 '<82년생 김지영>과 한국 여성의 삶 팩트 체크'라는 글에서 여성은 20대 후반에 비정규직 비율이 가장 낮고 이후 가파르게 증가한다고 지적한다. 출산과 자녀 육아기를 거친 여성이 노동시장에 다시 진입할 때 제공되는 일자리가 대부분 비정규직이기 때문이다. 육아가 사회의 공동책임으로 이뤄진다면 여성은 일자리에서 더 많은 숙련을 쌓을 수 있다. 우리 경제의 생산성도 높아질 것이다.

정의당의 '슈퍼우먼 방지법'은 이런 독박 육아를 극복하기 위한 법안이다. 육아휴직 기간을 현행 12개월에서 16개월로 늘리고, 최소한 3개월 이상 육아휴직을 신청하도록 의무화하여 부부가 반드시 육아휴직을 사용해야 하는 '아빠-엄마 육아휴직 의무할당' 제도를 도입했다.

여성에게는 아이를 키우면서도 자기 삶의 성취를 위해 직장생활을 계속할 수 있는 선택이 가능해야 한다. 아빠들에게도 더 이상 아이를 키우는 행복을 빼앗아서는 안 된다. 엄마와 아빠가 함께 아이를 키우는 행복의 '공유.' 사회와 국가가 부모와 함께 아이를 책임지는 제도가 더욱 풍성해져야 한다.

정치인으로서, 선배 여성으로서 나는 강남역 10번 출구에 모인 젊은 여성들 앞에서 부끄러웠다. 그들이 용기를 내어 애도하고 분노할 때 꽃 한 송이 바친 것 외에는 아무것도 한 게 없었다. 그들은 말 그대로 '스스로' 나섰다.

언론은 그들을 가리켜 '온라인 페미니즘' 세대라고 부른다. 그들의 용기가 기존 젠더질서에 균열을 냈지만 우리가 원하는 건 그 정도가 아닐 것이다. 온라인 페미니즘 세대가 만들어갈 새로운 젠더질서에 작게나마 어떤 도움이 될 수 있을까. 이 또한 이정미에게 주어진 정치의 의무다.

대중문화에서도 '여성'을 바라보는 태도가 바뀌고 있다. 27년 만에 실사로 탄생한 영화 <알라딘>의 '재스민'을 보라. 재스민은 왕자를 만나 결혼하는 대신 스스로 왕이 되겠다고 의지를 다진다. "여자는 술탄(왕)이 될 수 없다"는 아버지의 말에 "왜 안 되느냐"고 반발한다.

넷플릭스에서 다시 본 <빨간 머리 앤>(시즌 1 2017, 시즌 2 2018)도 달라졌다. 작가 모이라 월리-베킷은 시즌 1을 공개하며 "앤을 '우발적인 페미니스트'로 설정했다"고 말했다. 앤은 "젊은 여자는 아내가 되는 수업을 받아야 한다"는 목사의 말에 혼란스러워하다가 조세핀 할머니의 조언으로 "자립한 여성이 되겠다"고 다짐한다. 페미니즘을 넘어 인종차별, 동성애, 성평등도 생각한다. 조세핀 할머니는 레즈비언이다. 앤은 편견 없이 동성애를 사랑으로 받아들인다. 어릴 적 『빨간 머리 앤』을 소설로 읽었을 때 갖지 못했던 생각이 달라지고 있다. 그 변화에 힘을 얻는다.

2019년 4월 헌법재판소가 형법상 낙태죄에 헌법불합치 결정을 내렸다. 여성의 몸에 대한 국가의 억압을 바꿀 역사적인 결정이었다. 정의당은 당론으로 낙태죄 폐지를 지지해왔다. 헌재 결정 직후, 형법상 낙태죄를 폐지하고 모자보건법에서 임신 중단의 폭을 넓힌 법률개정안을 제출했다. 그 과정이 순탄했던 것은 아니다. 가톨릭을 비롯한 종교계의 우려가 컸다. 나 역시 가톨릭 신자로, 세례명은 오틸리아다. 당대표로서 낙태죄 폐지 법안의 입법 과정을 지휘하면서 마음 한구석이 늘 무거웠다.

이런 나에게 용기를 주신 분은 한 신부님이셨다. "낙태죄 문제는 가톨릭교회가 가진 생명존중의 마지막 선이지만, 또 누군가는 여성의 삶과 권리를 대변해야 하지 않겠느냐"고 말씀해주셨다. 비록 우리 당의 입법을 지지하실 수 없지만, 그 넉넉함에 머리가 숙여졌다.

정의당 낙태죄 폐지 법안에 대한 우려는 종교계에서만 나온 것이 아니었다. 오랜 기간 낙태죄 폐지를 위해 투쟁해온 여성단체도 정의당 법안의 부족함을 지적했다. 제한 없는 임신 중단이 가능해야 하는데, 정의당 법안은 헌재의 결정 기준(16주 이하 조건 없이 임신 중단 허용)을 기계적으로 따랐다는 것이다. 여성의 몸에 대한 국가의 일체 억압을 반대하는 여성단체의 주장에 나 역시 동의한다.

그러나 입법은 현실이다. 정의당 법안조차 간신히 국회의원 10명의 동의를 얻었다. 진보정치인들조차 종교계의 반대를 이유로 꺼렸다.

비록 타협에 머물지라도 한 발 한 발 나아가야 한다. 100퍼센트 자기 견해를 관철하는 입법은 의회주의에서는 불가능하다. 2019년 말까지는 법률을 개정해야 한다. 그때까지 입법을 완료하지 못하면 여전히 임신 중절을 선택한 여성들은 직장에 말하지 못하고, 수술 후 출근해야 하고, 보험료 혜택을 받지 못할 것이다. 시한이 다 되어서 졸속적으로 입법이 이뤄진다면, 임신 중단에 필요한 의료적·행정적 서비스를 제대로 받을 수 없다.

그럼에도 국회는 너무도 비겁하다. 정의당을 제외하고 어떤 정당도 법안조차 내지 않고 있다. 주어진 시한에 이 법이 다뤄지지 않으면 여성들은 이중 삼중 고통을 받는다. 여성에 대한 폭력이나 성범죄 사건이 터질 때만 목소리를 높이면 뭐하나. 발의된 법안에 침묵하고 다루지 않는데. 참 답답하다.

나는 '여성'의원이다. 여성 차별은 국회도 다르지 않아서 일부 의원이나 정당의 왜곡된 성 인식이 도마 위에 오른다. 강경화 외교부장관 후보 인사 청문회가 대표적이다. 사람을 불러놓고 머리 스타일이 어떻다느니…….

국회에 나이가 많은 다선의원들이 적지 않다보니 나이를 앞세우거나 여성에 대한 편견을 드러내는 사람들이 있다. 그래도 예전처럼 함부로 표출되기 어려워졌다. 여성의원들도 묵과하지 않는다. 곧바로 문제를 제기한다. 여론의 뭇매도 매섭다.

자유한국당이 개최한 행사에서 일부 여성당원들이 '한국당 승리'라고 적힌 속바지를 드러내며 낯 뜨거운 엉덩이춤을 춰 논란이 일었다. 문제는 그걸 보고도 지도부들은 아무 문제의식이 없다는 것이다. 그동안 익숙했던 것이 잘못된 것이라면 굉장히 불편해질 각오를 하고 긴장해야 한다. 왜 불편해져야 해? 왜 긴장해야 해? 이렇게 생각하기 때문에 바뀌지 않는다. 그분들이 긴장하지 않는 동안 여성은 불편과 긴장을 감수해야 한다.

나도 국회의원과 유권자를 사적으로 만나는 자리에서는 초긴장 상태를 유지한다. 내가 조금이라도 풀어지는 모습을 보이면 부적절한 농담과 행위가 이어질 가능성이 높아지니까.

국회의원의 핵심의무는 국민을 위한 법안을 준비하고 검토하고 발의하는 것이다.

나는 비정규직 관련 법안을 가장 중요하게 여긴다. 나는 상시 지속업무를 하는 노동자는 반드시 정규직으로 직접 고용해야 한다고 주장한다. 노동자인데도 노동자라 불리지 못하는 특수고용 노동자들, 그들의 노동자성을 인정해야 한다고 강조한다. 나의 비정규직 법안은 이정미의 목표를 넘어 우리 사회를 한 단계 전진시키는 길이 될 것이다.

얼마 전, 학교 급식노동자들의 파업집회를 찾았다. 나는 현장을 찾아 '너무 요구가 소박한 것 아니냐'고 목소리를 높였다. 보수 언론과 정치인들은 급식노동자들이 아이들 밥을 볼모로 파업한다고 난리치지만, 정규직에 비해 그들의 임금은 60-70퍼센트다. 그들의 요구는 정규직의 80퍼센트만 달라는 것이다. 얼마나 소박한가.

지금 대한민국은 계급사회가 되고 있다. 대통령이 '공공부문 비정규직 제로'를 선언하면 뭐하나. 집권정당이 대통령 공약을 최우선 과제로 받아들이고 관련 법안이 통과되도록 심혈을 기울이지 않는데. 비정규직 법안은 후순위로 밀렸다. 오히려 탄력근로제를 확대하고 근로시간 단축을 단계적으로 적용하자고 말한다. 기업 민원은 전광석화처럼 처리되는데 노동자 권리는 한 발짝 나가기가 힘들다.

2019년 8월 14일 나는 '사용사유제한 4법'(근로기준법·기간제법·직업안정법·파견법)을 발의했다. 기간제·파견제 같은 비정규 노동자 사용사유를 엄격히 제한하고, 상시업무 수행 노동자의 직접고용 원칙을 담은 노동관계법 개정을 추진한 것이다.

현행 기간제법은 기간제 근로자를 2년 초과해 사용하는 경우 무기계약 근로자로 고용하고, 차별을 금지하며 근로조건을 보호한다는 명분으로 제정됐다. 그러나 노동 현장에서는 법을 회피하기 위한 꼼수가 난무한다. 사업주가 악용해 2년 이내 계약 해지, 무분별한 쪼개기 계약, 계약기간 만료 직전 고용계약 해지 등 고용불안을 가중시킨다. 기간제·단시간 노동자 사용을 방지하고, 합리적 사유가 있는 경우에만 기간제를 고용하도록 하는 등 기업들의 채용관행을 바꿔야 한다.

이러한 비정규직 사용사유 제한은 2017년 대선 당시 문재인, 유승민, 심상정 후보의 공약이었다. 비정규직 문제를 이대로 두어서는 안 된다는 보수와 진보를 아우르는 공감대가 마련된 것이다. 그러나 '사용사유제한 4법' 발의는 정족수를 채우기 어려워 2년의 시간이 걸렸다. 발의에 참여해준 정의당 의원 6명과 4명의 의원들에게 다시 한 번 감사드린다.

내가 발의한 비정규직 사용사유 제한 4법은 출산·육아, 휴직 또는 질병·부상으로 결원이 발생하거나 사업의 완료 또는 특정 업무의 완성 기간을 정한 경우에 한해 기간제 노동자를 고용하도록 했으며, 2년 이상 기간제를 사용할 수 없도록했다. 2년이 넘어가는 업무는 임시적 업무가 아니라 상시 지속 업무라고 봐야 한다. 간접고용인 파견의 경우에도 노동자 공급기간을 2년이 넘지 않도록 하고, 그 사유를 계절적 사업 또는 일정한 사업의 완료, 특정한 업무의 완성에 필요한 기간을 정한 경우로 한정했다.

고 김용균 씨의 죽음에서 보듯 외주용역은 원청업체가 아무런 책임을 지지 않는 '위험의 외주화' 아니 '죽음의 외주화'를 부르고 있다. 파견 등 외주용역은 일시적 필요성이 있는 경우에만 제한적으로 사용되어야 하고, 특히 생명 안전 업무에서는 허용되어서는 안 된다.

나는 2018년 연말 산업안전보건법 개정안 통과를 위해 국회에서 발을 동동 구르던 김용균 씨의 어머니를 잊지 못한다.

대한민국에는 너무도 많은 김용균이 존재한다. 1998년 IMF 외환위기 이후 비정규직들이 소모품처럼 사용되고 버려지는 세상을 만든 책임은 앞선 세대, 아니 우리 사회 전체에게 있다. 다시는 김용균 같은 슬픈 희생이 반복되지 않도록 해야 할 의무가 정치에 있다. 나의 비정규직 사용사유 제한 4법이 반드시 통과되기를 바란다.

정치인에게 필요한 덕목 가운데 내가 가장 중요하게 여기는 것은 '솔직함'이다. 국민의 지지를 구하겠다고, 표를 얻겠다고 실현 불가능한 공약을 남발하는 정치를 볼 때마다 솔직한 정치인이 되어야겠다고 다짐한다.

많은 국민들이 '경제'를 중요하게 생각한다. 문제는 경제만큼 각양각색인 분야가 없다는 것이다. 최저임금을 둘러싼 다양한 입장을 생각해보라. 이제 우리는 장기침체 저성장 시대를 대비해야 한다. 나는 저성장시대를 맞아 삶의 재전환이 이루어져야 한다고 말한다. 저성장시대에 '조화롭게' 살아가는 방안을 함께 고민하는 것. 그것이 우리에게 주어진 정치의 의무일 것이다.

3장

이정미,

포스트(post) 노회찬

권영길, 강기갑으로 대표되는 진보정치가 있었다. 그리고 노회찬, 심상정으로 대표되는 진보정치가 있다.

그런데 노회찬 대표가 황망히 우리 곁을 떠났다. "노회찬이 없었으면 이 심상정도 없었습니다"고 울먹이던 심상정 의원의 조사(弔辭)를 들으며, 늘 강한 것처럼 보였지만 이제 나밖에 없다는 외로움과 서러움, 두려움이 그에게도 있었다는 것을 알았다.

나는 유난히 눈물이 많다. 툭하면 눈물을 훔치는 나를 보고 주변에서는 냉철하고 단단한 정치인이 되어야 한다며 걱정한다. 이런 나에게 '노회찬'이라는 이름은 듣기만 해도 눈물샘을 터뜨리게 하는 시한폭탄이다.

노회찬 의원은 나의 가장 든든한 선배이자 대한민국이 가장 절실히 필요로 했던 정치인이었다. 단병호 민주노총 전 위원장이 말했듯이, 우리나라에서 독자적인 진보정당이 여기까지 오게 된 데에는 노회찬 의원의 역할이 대단히 컸다. 노동자의 정치세력화, 독자적인 진보정당 건설노선을 주장하다 떠나간 많은 명망가들 가운데서도 노회찬의 존재감은 비교할 수 없다.

나의 임기 동안 가장 든든한 선배였고, 대한민국이 절실히 원했던 정치인 노회찬이 우리 곁을 떠났다. 감당할 수 없는 일을 마주하고 힘들고 외로웠다. 회의장을 들어서는 일도, 사진을 보는 일도, 당의 기쁨과 승리 앞에서도 그를 지켜주지 못한 죄책감이 마음을 짓눌렀다.

'대표님, 대표님. 오늘 한잔해요', 그러면 '아, 좋지, 내가 근처 동네에 진짜 맛있는 집 알고 있는데 거기 예약해둘게요', 그렇게 술잔을 기울일 수 있는 날이 사라졌다는 것이 믿기지 않는다.

자신은 양복 한 벌을 10년 넘게 입으면서도, 동지들에게 무한히 넓은 사랑으로 자신의 모든 것을 내어준 그가 없는 세상이 너무도 황량하게 느껴진다.

노회찬 의원의 지역구는 창원이었다. 어떤 날은 하루에 두 번 서울과 창원을 왕복할 정도로 강행군의 나날을 보내셨다. 매일 밤 사람들과 술잔을 기울이는 모습을 지켜보면서 안타까운 적이 한두 번이 아니었다. 그래서 물었다. "대표님, 그 스트레스를 어떻게 해결하세요?" 그때 노회찬 의원이 했던 대답은 지금도 잊히지 않는다.

"이 의원, 굉장히 힘들죠. 하지만 어떤 잠깐의 기쁨의 순간이 있어. 그 맛에 견뎌."

그때는 이해하지 못했는데 어느 순간 나에게도 그런 기쁨이 있다는 걸 알았다. 정치하고 나서 처음에는 우울증에 시달렸다.

어느 날, 가습기 살균제 참사 피해 부모가 찾아왔다. 그들은 5년 동안 투쟁하고 나서야 비로소 그 이야기를 공론화할 수 있게 되었다고 울음을 터뜨렸다. 이명박-박근혜 정부 시절 해결되지 않았던 민원이 나에게 쏟아졌다. '자신의 이야기를 전할 공간이 없어서 얼마나 막막했을까' '그걸 해결하겠다고 힘없는 정의당, 아직 여물지 못한 정치인 이정미를 찾아왔구나'라는 생각에 잠을 이루지 못했다. 세상의 우울한 이야기를 한꺼번에 직면한 느낌. 그런데 문제가 하나하나 해결되면서 나의 우울증도 걷히기 시작했다.

이랜드에서 운영하는 외식업체 애슐리 노동자들의 밀린 임금을 받아준 일이 생각난다. 애슐리 6곳을 샘플링하고 노동부에 전격적으로 문제를 제기했다. 노동부는 이랜드 외식업체 전면 특별감독에 나섰다. 그 후 한 분이 의원실로 전화를 걸어 '정말 고맙다, 후원금을 보내겠다'고 말씀하셨다. 나는 감사인사를 전하며 이렇게 말했다. '그건 고마운 게 아닙니다. 당연한 겁니다.'

가습기 살균제 사건과 관련하여 많은 사람들이 고통 받았다. 그래서 그들이 보상받을 수 있는 특별법을 통과시켰다. 내가 조금만 움직이면 누군가의 고통을 해결할 수 있음을 알았다. 나에게 주어진 능력을 제대로 사용하면 변화를 만들 수 있다는 것을 실감했다. 정치의 기쁨을 알게 되었다. 그래서 꼭 '재선'하고 싶다. 지푸라기라도 잡는 심정으로 이정미를 찾는 힘없는 국민들의 행복을 위해.

노회찬이라는 이름은 나에게 영원히 그리움으로 남을 것 같다. 그 절절한 애틋함을 2018년 10월 1일, 비교섭단체 대표 연설에서 조금이나마 담을 수 있었다.

"이제 정의당의 이념은 6411번 버스를 타는 투명인간입니다. 이제 정의당의 좌표는 그들이 냄새를 맡을 수 있고 손을 잡을 수 있는 곳이 될 것입니다. 권력도 돈도 없는 평범한 시민들이 정치의 주역이 되어야 한다는 노회찬의 큰 뜻은 우리 헌법의 약속과 민주주의의 오랜 이상이며 정의당과 진보정치를 집권의 길로 이끌 길잡이입니다. 그 길로 뚜벅뚜벅 전진할 것입니다."

2019년 7월 23일, 고 노회찬 의원 1주기를 맞이했다. 정의당은 7월 15일부터 28일까지 2주간을 추모기간으로 정했다. 노회찬 학술토론회, 미술전시회도 열었다. 7월 20일 마석 모란공원에서 노회찬 의원 묘비제막식을 가졌다. 저녁에는 추모공연을 진행했다. 노회찬 의원을 기억할 수 있는 굿즈(goods)도 제작했다. 지역별로 추모문화제를 진행하고, 노회찬재단에서는 '제1회 노회찬상' 수상식을 열었다.

'노회찬 정신'은 '6411번 버스' 정신이다. 노회찬 의원은 2012년 진보정의당 출범 당시 당대표 수락 연설에서 청소노동자들이 매일 새벽 6411번 버스를 타고 강남 빌딩으로 출근하지만, 이들은 한 달에 85만 원을 받는 투명인간으로 살고 있다고 말해 감동을 주었다. 우리 정치가 보듬어주지 못했던 사회적 약자 곁으로 정치가 다가가야 한다고 말했다.

나는 사회적 약자를 대변하는 정신에만 그치면 노회찬 정신을 절반만 이야기하는 거라고 본다. 약자를 대변하는 '정당정치'가 성공해야 100퍼센트가 된다. 노회찬 의원이 품고자 했던 이들이 대한민국의 다수이면서도 자신의 목소리를 내지 못하는 것은 그들을 대변하는 정당이 없기 때문이다. 우리는 그 일을 제대로 하고자 어려운 상황에서도 고군분투하며 여기까지 왔다. 그 한가운데 노회찬이 있었다.

'나는 여기서 멈추지만 당은 당당히 앞으로 나아가길 바란다'는 노회찬 의원의 마지막 말씀은 정당정치의 성공을 이뤄내라는 뜻일 것이다. 다른 정당이 이 과업을 정의당보다 잘할 수 있다면 모르겠지만, 대한민국에 그런 정당은 없다. 정의당만이 유일하다. 그래서 우리는 포기할 수 없다.

노회찬 의원이 우리 사회에 미친 영향은 너무 많다. 그중에서도 나는 세 가지를 꼽고 싶다.

첫째, 우리 사회 약자들의 이름이 정치 안에서 호명되기 시작했다. 둘째, 호주제 폐지, 성소수자 인권 등 젠더문제를 대중 이슈로 만들었다. 셋째, 대한민국에 진보정당의 필요성을 꾸준히 역설하고 그것을 인정하게 만들었다.

노회찬 의원 하면 2013년 '삼성 X파일 사건'을 떠올리는 분들이 많다. 노회찬 의원이 '떡값 검사' 실명을 공개해 국회의원직을 상실한 직후 다들 어떡하느냐고 낙담해 있었는데, 외려 '물의를 빚어서 죄송하다'는 말로 현장을 웃음바다로 만든 일이 기억난다.

난관과 분노를 낙관과 희망으로 전환시키는 힘, 그게 가장 노회찬다운 모습이었다.

지금도 힘들 때면 노회찬 의원이 생각난다. 당직자들도 충격을 받아 심리치료를 받았다. 그때 치료를 담당한 선생님이 '당대표부터 치료를 받아야 한다'고 하셨는데, 너무 바빠서 받지 못했다.

패스트 트랙 국면을 보면서 노회찬 의원을 떠올린 분들이 많다. 노회찬이 있었다면 '막장 국회'가 덜하지 않았을까 하는. 실제로 다른 당 의원들도 노회찬 의원 말씀은 존중하고 귀담아들었다. 서로 대립하는 격렬한 국면에서 갈등을 조정하는 능력이 탁월하셨다. 지금 같은 대치 국면에서 노회찬 의원이 정치력을 발휘했다면 어땠을까 그런 생각이 든다.

정치는 책임이다. 책임을 회피해온 수많은 정치인들과 달리 노회찬 의원은 생의 마지막 순간까지 자신의 책임을 전적으로 껴안는 모습을 보여주셨다. 과거 통합진보당 사태 때도 비례경선 부정의혹에 책임을 지고 국민들에게 사과의 의미로 경선 의원들의 사퇴를 결정하고, 이것이 받아들여지지 않자 이석기 의원과 동반 사퇴하겠다며 당의 책임을 함께 지려고 했다. 물론 주위에서 극구 반대했었다.

나의 당대표 임기 1년간은 노회찬 의원이 원내대표로 함께했다. 나머지 1년은 노회찬 없는 1년이었다. 노회찬 의원이 떠난 후 온전히 책임지는 자리가 되었다. 처음에는 외롭고 힘들었다. 그러다 어느 순간 강해진 내 모습을 보게 되었다. 온전히 책임진다는 의미를 깨달았다. 나는 노회찬 의원에게 받은 게 많은 사람이다. 그는 가면서도 내게 귀중한 것들을 주었다.

노회찬 원내대표의 장례식은 그가 걸어온 삶의
궤적을 그대로 보여주었다.

나는 머리를 숙이고 조문객을 맞으면서 그들의
신발을 보았다. 잘 닦인 구두도 있었지만, 낡고
닳은 작업화도 있었다. 어떤 이는 절을 할 때 뒤
꿈치가 해진 양말을 신었다. 생전에 구두 한 켤
레로 사시사철을 지내며 낡고 닳은 구두를 신고
다닌 노회찬 의원이 생각났다. 그분들이 멋지고
세련된 구두 한 켤레를 영전에 놓고 갔다. 노회
찬 의원이 신으면 정말 잘 어울릴 것 같았다. 살
아계실 때 저런 구두 한 켤레 못 사드린 게 마음
아팠다.

노회찬 의원의 장례식에는 남녀노소, 직업을 가리지 않고 많은 분들이 와주셨다. 세월호 유가족과 삼성반도체 반올림 가족들이 찾아오셔서 위로해주셨다. 정부 관계자와 사법부, 그리고 많은 정치인들께서도 다른 시민들과 똑같이 순서를 기다려 고인의 가는 길을 배웅해주셨다. 어느 언론에서는 "대통령이 보낸 조화도 있고, 기업인도 있고, 청소부도 있고, 장애인도 있고, 노인도 있고, 어린아이도 있고…… 이런 장례식은 처음 보는 것 같다"고 표현했다.

장례식장의 모습은 정치인 노회찬이 평생 꿈꾸던 세상과 닮아 있었다.

박정희 군부독재에 맞서 휴학을 주도했던 고교생에서, 노동자 해방 세상을 위해 인천으로 향했던 용접공, 그리고 한국 진보정치의 상징이 되기까지. 노회찬은 누구나 존엄한 평등의 나라를 만들기 위해 평생을 바쳤다.

그는 언제나 일하는 사람과 장애인, 여성, 성소수자, 우리 사회 약자들의 길벗이었다. 격한 정치현장에서도 재치와 유머를 잃지 않았고, 그러면서도 상대를 존중할 줄 아는 탁월한 정치인이었다. 그래서 정견이 다른 이들조차 그의 말이라면 경청했다.

이런 노회찬을 보고 많은 분들이 진보정치의 아이콘이라고 말했지만, 노회찬은 홀로 빛나는 별이 되고자 한 적이 없다. 그는 자신이 지켜야 할 고단하고 약한 사람들의 곁에 서 있었다. 그리고 때로는 그들을 위해 기꺼이 마중물이 되었다. 나에게 노회찬은 정치인으로서 사수나 마찬가지였다. 처음으로 나에게 선출직 출마를 권유했고, 진보정치의 매순간 조언을 아끼지 않았으며, 고난도 즐거움도 함께했다. 내가 비례대표 1번으로 2016년 총선에 당선되던 날, 노회찬 의원이 전화를 걸어 했던 첫 마디가 "한 번만 하기 없기입니다"였다.

노회찬 의원은 진보정당에서 국회의원 한 사람을 만드는 일이 얼마나 중요한지, 진보정당에 재선의원이 나와서 노회찬, 심상정을 뛰어넘는 차세대 정치인이 만들어지는 것이 얼마나 중요한지를 늘 강조하셨다.

한 방송사가 공개한 미공개 영상에서 노회찬은 "10년 안에 정의당 출신 대통령이 반드시 나온다"고 확신했다. 이것은 자신의 모든 것을 걸어 사랑했을 때만 나올 수 있는 확신이다.

그에게 정의당은 영혼이었고, 생을 다해서라도 지켜야만 하는 존재였다. 결국 그는 정의당을 위해 자신을 바쳤다. 노회찬, 심상정 두 존경하는 선배와 함께 우리 당을 미생 정당에서 완생 정당으로 발전시키고, 집권정당의 초석을 쌓겠다고 했던 내 다짐도 이제 지킬 수 없게 됐다. 안타깝고 원통하다.

그러나 나는 노회찬의 꿈을 중단하지 않을 것이다. 많은 분들이 노회찬 없는 정의당을 어떻게 할 것인지, 누가 노회찬을 대신할 것인지 묻는다. 분명히 말씀드린다. 그 누구도 노회찬을 대신할 수는 없다고. 어떤 이도 노회찬을 대신할 수 없으므로 정의당 모두가 노회찬이 되어야 한다고. 앞으로 두 배 세 배 분발하고, 더 단단해지고 굳세져야 한다. 노회찬이 그랬던 것처럼 거대 재벌권력에 맞서는 '기백'을 잃지 말고, 일하는 사람들과 약자들의 이익을 수호하는 '투혼'이 되어야 한다. 그리고 어떤 순간에도 인간성과 유쾌함을 잃지 않는 '웃음'이 되어야 한다.

정의당은 수천수만의 노회찬으로 부활하여 반드시 한국정치를 바꿀 것이다.

많은 분들께서 앞으로 '노회찬 없는 국회'를 걱정하신다. 장례식장에 오신 분들도 "대한민국에 꼭 필요한 사람이었는데 너무 아깝다"고 하셨다. 모두가 내 손을 잡고 "미안하다"고 말하셨다.

이제 더 이상 유권자가 자신의 선택에 미안해하는 일이 없어야 한다. 노회찬의 뜻을 지지하면서도 노회찬을 찍을 수 없게 만드는 낡은 정치제도를 바꾸지 않는다면, 우리는 '노회찬 없는 국회'를 계속 견뎌야 한다. 죄 없는 시민들이 더는 미안해하지 않도록, 노회찬이 헌신했던 약자와 일하는 사람들을 지키는 정치가 자리 잡도록 정치제도 개혁에 함께해야 한다. 그럴 때 노회찬은 분명히 우리 정치로 돌아올 것이다.

나는 아직 가야 할 길이 먼 정치인이다. 홀연히 사라져간 진보정당의 비례대표 의원들과 같은 처지다. 그럼에도 이렇게 말하고 싶다. "이제 심상정 곁에 노회찬은 없지만, 그의 뒤에 이정미가 있고, 이정미보다 훌륭하게 칼을 다듬어온 저력 있는 인재들이 든든히 버티고 있다고. 5만 당원을 믿고 앞으로 걸어가자고."

나와 정의당의 모든 당원들은 노회찬이 남겨준 6411의 정신을 안고 걸어갈 것이다. 2020년 총선을 지나 정의당이 10살을 맞이하는 2022년, 지방선거와 대선에서 당은 당당히 앞으로 나아가라던 그 말씀 위에 당을 우뚝 세울 것이다.

"6411번 버스라고 있습니다.
이분들이야말로 투명인간입니다.
이분들의 삶이 고단하지 않았던
순간이 있었겠습니까.
이분들이 그 어려움 속에서
우리 같은 사람을 찾을 때
우리는 어디에 있었습니까."

"완벽한 사람이어서가 아니라
좋은 사람이라서 형을 좋아했어요.
잘 가요. 회찬이 형……."

- 유시민 작가

"우리는 이제 '노회찬'에게
작별을 고합니다.
우리는 세상을 등진 그의 행위를
미화할 수는 없지만……
그가 가졌던 부끄러움은
존중해줄 수 있다는 것.
저의 동갑내기 노회찬에게
이제야 비로소 작별을 고하려 합니다.

- 손석희 jtbc 사장·앵커

창원성산의 승리로 민생개혁의
불씨를 살리고,
'6411 정신'을 지켜나가겠습니다.
창원성산에서 치러지는 보궐선거는
기득권세력의 부활이냐, 개혁의 사수냐를
가늠하는 시금석이 될 것입니다.
저를 비롯해 모든 당원들의 힘을
창원으로 모을 것입니다.
'6411 정신'으로 서민들과 함께했던
노회찬의 땀이 묻혀 있는 곳,
창원성산에서 정의당은
최고의 승부수를 띄우겠습니다.

- 이정미 2019년 1월 17일 신년기자회견문 중에서

4장

이정미,

내일의 정치

나는 문재인 정부의 성공을 누구보다도 바란다. 문재인 정부의 성공이 대한민국의 성공이라는 생각으로 응원한다. 촛불시민의 요구가 제대로 해결되지 않고 머뭇거릴 때는 강력하게 비판하겠지만, 제대로 갈 때는 적극적으로 협력할 것이다.

정의당은 한반도 비핵화와 평화 정착을 위한 정부의 노력에 적극적으로 협력하고 있다. 2018년 9월 18-20일 문재인 대통령의 북한 방문에 이해찬 더불어민주당 대표, 정동영 민주평화당 대표, 그리고 정의당 대표인 내가 동행했다. 2005년 민주노동당과 조선사회민주당 정당 사이 교류로 방북한 지 13년 만이었다. 방북 후 2018년 10월 1일 가진 비교섭단체 대표연설에서 나는 남북 의회의 판문점 선언 동시비준과 김정은 국무위원장의 국회 연설을 제안했다.

문재인 정부의 고용노동 정책은 아쉬움이 크다.
2018년 12월 24일, 나는 국회 상무위원회에서
주휴수당을 최저임금에 포함하는 최저임금법 시
행령 개정안과 관련해 "홍남기 경제부총리 등이
사용자 의견을 일방적으로 듣고 (개정안을) 수정
하려는 것은 최저임금 속도 조절을 넘어선 최저
임금 브레이크를 거는 것"이라고 비판했다. 언론
인터뷰에서도 "문재인 정부가 노동존중 사회를
만들겠다고 했던 취지가 무색해지는 여러 가지
노동개혁 시도들이 벌어지고 있다"고 지적했다.

앞으로도 정의당은 고용노동 정책과 관련해서
적극적으로 목소리를 낼 것이다.

촛불로 정권이 바뀌고 국회도 기대를 모았지만 국민들이 목도한 것은 패스트 트랙 난동이었다. 시민들이 국회를 향해 '무노동 무임금'을 요구할 만큼 정치불신이 어느 때보다 크다.

나는 원인의 핵심을 자유한국당에서 찾는다. 자유한국당은 탄핵 국면에서 '멘탈 붕괴'였다. 그러나 더불어민주당이 촛불혁명 이후 강력한 개혁을 보여주지 못하자 한국당이 반사이득을 얻었다. 국회가 한국당의 생존투쟁에 휘말렸다. 자유한국당 없이도 20대 국회가 돌아갈 수 있다는 걸 보여줬어야 했다. 국회법에는 국회의장 권한으로 예산결산특별위원회를 구성할 수 있다. 한국당 없이도 추경처리가 가능했다. 한국당이 완전히 '패싱' 당한다는 느낌을 받았다면 국회에 제 발로 들어왔을 것이다. 지금은 한국당에 산소호흡기를 달아준 격이 되었다.

문재인 정부는 공공기관 비정규직의 정규직 전환을 전면적으로 살펴야 한다. 국제노동기구(ILO) 핵심협약을 비준하기 위한 구체적 계획을 내놓아야 한다. 민주노총 공공부문의 비정규직 파업을 놓고 국회에서 비판이 있었다. 그런데 의원들은 '정치 파업'을 하면서도 세비를 꼬박꼬박 챙겼다. 그런 국회가 간절함이 담긴 합법적 쟁의를 비난할 자격이 있는지 되묻고 싶다. 특히 나경원 자유한국당 원내대표가 '근로기준법의 시대에서 계약 자유의 시대로 나아가자'고 말했던 점을 나는 강하게 비판한다. 나 원내대표의 발언은 자유라는 이름을 사칭해 헌법과 국제헌장을 무시하는 위헌·반문명적 주장이다.

지금의 한국보수는 착취와 혐오를 양손에 들고 불평등과 불공정을 더욱 부추기고 있다. 민주당 역시 대통령의 높은 인기와 내부의 일부 진보인사를 '알리바이' 삼아 진보를 과잉 대표하는 건 아닌지 자성해야 한다.

2018년 7월 14일, 최저임금위원회가 2019년도 최저임금을 8,350원으로 결정한 이후 '최저임금'을 놓고 다양한 의견이 나왔다.

문재인 정부의 대선 공약은 2020년까지 최저임금을 1만 원까지 올리는 것이다. 그러나 2020년 최저임금이 8,590원(2019년 대비 2.9퍼센트 인상)으로 결정되면서 약속을 지킬 수 없게 되었다.

최저임금 제도를 도입한 이유는 극심한 빈부격차를 줄이기 위해서다. 전체 근로자의 1/4에 달하는 저임금 노동자들의 소득을 끌어올리면 소득불균형 해소에 어느 정도 효율적인 정책이 된다. 물론 최저임금 인상만으로 우리 경제의 뿌리 깊은 소득양극화 문제를 해결할 수 없다. 카드수수료, 임대료, 프랜차이즈 본사 로열티 등을 손보지 않으면 최저임금 상승의 부담이 소상공인들의 몫이 된다.

실제로 최저임금제 논의 이후 편의점, 식당 등 자영업자, 소상공인들의 반발이 이어졌다. 최저임금에 초점을 맞춰 소득불균형에 대한 논의가 지속되어야 하는데, 정작 '을과 을의 갈등'이 심화되고 있다.

최저임금을 반대하는 쪽에서는 우리 경제가 급격한 최저임금 인상을 견딜 수 없다고 말한다. 3퍼센트 성장도 버거운 경제 형편에서 최저임금이 2년 동안 29퍼센트* 급등했다며 기업과 국가의 재정 부담을 강조한다.

그들은 말한다. 최저임금은 정부가 정하지만 비용은 시장이 감당하는 문제다, 경제문제는 수요와 공급의 논리로 풀어야 한다, 경제문제를 정치적으로 접근하는 게 문제다…… 과연 그럴까?

•
2017년 6,470원이던 최저임금은
2018년 7,530원(16.3퍼센트),
2019년 8,350원(10.9퍼센트)으로 올라
2년간 29퍼센트 상향조정됐다.

최저임금에 소극적인 이들은 많은 중소기업과 영세 자영업자들이 생존 위협에 몰려 최저임금을 감당할 여력이 없다고 주장한다. '우리 경제가 최저임금 상승분을 감당하기 힘들다'는 '갑'들의 투정 속에서 '을들의 싸움'으로 변질되고 말았다. 그러나 10.9퍼센트 인상효과가 노동자에게 돌아가는 것은 아니다. 월 상여금과 복리후생비가 최저임금에 포함되면 실질인상률은 한 자릿수에 그친다는 의견도 있다.

나는 '최저임금'을 둘러싼 갈등을 부정적으로 보지 않는다. 이를 통해 국민이 중요하게 생각하는 '경제'에 '다른' 가치를 붙여서 생각하게 되었다. 다만 최저임금을 둘러싼 갈등이 을과 을의 싸움으로 변질되었다는 점은 안타깝다. 국회 공청회에서 들었던 이야기다. 중소기업 사장이 "나도 정말로 우리 회사에서 일하는 노동자들의 임금을 올려주고 싶다. 그러나 지난 10여 년간 대기업은 납품가를 한 푼도 올려주지 않았다. 그런데 어떻게 제가 임금을 올려줄 수 있느냐"라고 호소했다.

최저임금 문제는 단지 최저임금을 주는 영세기업의 지불능력 문제가 아니다. 최저임금 문제에는 재벌 대기업이 경제의 성과를 독식하는 불공정 경제라는 근본적 배경이 있다.

나는 중소기업 사장의 말을 듣고 정의당을 그들과 함께하는 정당으로 만들겠다고 다짐했다.

2015년, 정의당은 '비정규직의 정당'이 되겠다고 선언했었다. 나는 당대표 취임 1주년을 맞아 정의당의 또다른 이름은 '중소상공인들의 정당'이 될 것이라고 발표했다. 그리고 당내에 당내 공정경제민생본부를 설치해 대기업의 갑질 사례에 대한 각종 상담과 캠페인을 실시했다. 문재인 정부가 초반에 놓친 것도 결국 재벌 대기업 문제다. 소득주도 성장 이전에 공정경제가 우선이어야 했다. 임대료 걱정 없고, 적정한 납품단가가 확실하게 잡혔다면 위에서 아래로 경제민주화를 생각할 수 있고, 저임금 노동자를 배려하는 달라진 변화가 있었을 것이다. 지불능력이 취약한 중소 상공인들에게 떠넘겼다는 아쉬움이 너무 크다.

불평등의 극복에는 시행착오, 기득권의 저항과 반대라는 '체제전환 비용(Regime Change Cost)'이 뒤따를 수밖에 없다. "미국인 중 누구도 세후 2만5천 달러 이상의 순소득을 집에 가져가서는 안 된다"고 주장한 프랭클린 루즈벨트 대통령은 사회주의자, 독재자라는 거센 비난을 들었지만 나라를 파시즘과 전쟁으로부터 구해냈다.

지금 돈으로 5억 원이 넘는 소득을 집으로 가져가서는 안 된다는 그의 제안은 최저임금의 30배 이상 임금은 받지 말자는 정의당의 최고임금제 정책과 취지가 같다. 하지만 경제체질 변화를 말하는 정부 관계자 누구에게도 '체제전환 비용'을 치를 의지와 계획이 보이지 않는다.

문재인 정부의 노동·경제정책은 한마디로 전략 부재다. '소득주도·혁신성장, 공정경제'를 어떻게 달성할 것인지 구체적 전략과 로드맵이 보이지 않는다. 이해당사자들에 대한 고려도 부족했다.

소득주도 성장 가운데 '최저임금 1만 원 인상'은 대기업과는 사실상 무관하다. 실질적 이해당사자는 저임금 노동자들과 소상공인이다. 저임금 노동자들은 어려움을 겪는다. 중소기업과 소상공인들도 대기업 갑질문제로 어려움을 겪는다. 이들은 사회가 변화하기를 바라는 이 정부의 우군들이다. 그런데 최저임금 인상 이슈가 파장을 일으키면서 비용 부담을 소상공인에게 전가시키는 모양새가 되었다. 그 부담을 정부가 지원하겠다고 했지만 체감도는 높지 않다.

문재인 정부는 공정경제, 경제민주화 정책에서 더 세게 드라이브를 걸었어야 했다. 대기업의 납품단가 후려치기, 일감 몰아주기, 골목상권 침탈, 임대료 문제 등에서 말이다.

이 정부 초기 지지율은 70퍼센트를 넘어섰다. 경제민주화를 추진할 수 있는 호기였다. 재벌 대기업 몰아주기 체제에 민주화를 단행할 수 있는 기회였다. 그러나 대기업 횡포를 근절시킬 정책을 추진하지 못했다. 중소기업이나 자영업자가 '이 정부가 대기업 갑질로부터 나를 확실히 보호해 줬어'라고 느끼지 못한다. 최저임금 이슈가 악화하면서 저임금 노동자들과 중소상공인 사이에 갈등만 커졌다. 정부는 대기업에 온갖 특혜를 주고 가장 시급한 청년 일자리에는 소극적이다. 정부는 개혁 골든타임을 놓쳤다. 너무 안타깝다.

재벌 대기업에 사회적 자원을 몰아주는 '기득권 독식 성장', 갑질과 불공정 행위로 경제적 약자를 위협해온 '약탈적 성장', 정당한 노력 없이 부동산 투기로 배를 불려온 '불로소득주도 성장'은 수십 년 동안 극단적인 불평등과 양극화를 키워왔다.

이제 '아래'를 키워 모두를 위한 성장을 이루겠다는 '소득주도 성장'은 피할 수 없는 선택이다. 소득주도 성장을 반대하는 자유한국당은 어떤 성장, 누구를 위한 성장을 목표로 하겠다는 것인지 답해야 한다. 반대의 이면에는 '독식'과 '약탈'과 '불로소득'이라는 경제기득권을 지켜줘야 한다는 본심이 있지는 않는가?

정부와 여당은 어떠한가. 과연 속도조절이 문제인가? 진짜 문제는 소득주도 성장이라는 방향에 대한 확신이 없는 것 아닌가? 확신을 잃고 페달을 멈춘 자전거는 넘어질 수밖에 없다. 국민은 단지 경제지표를 문제 삼는 것이 아니다. 한반도 평화정책의 대담함과 과감함을 경제정책에서는 찾아볼 수 없고, 과거 70년처럼 "지금은 아니다"라고 말하며 기득권과의 싸움을 미루는 정부에 실망하고 있을 뿐이다.

소득주도 성장의 성공을 바란다면, 정부와 여당은 이제 정의당과 논쟁하기를 바란다. 과거 회귀 세력과 힘겹게 타협할 것이 아니라 정의당과 미래를 두고 경쟁하자. 소득주도 성장에는 최저임금, 그 이상의 비전과 정책이 있다는 것을 시민 속에서 입증해보자.

언제부턴가 소득주도 성장은 보수와 진보를 가르는 기준점이 되었다. 사실 소득주도 성장의 일부 내용은 박근혜 정부 시절부터 추진되었다. 2017년 대선에서는 모든 후보들이 내건 공약이기도 하다.

소득주도 성장을 반대하는 이들은 우리나라 경제 구조에서 아직 시기상조라고 말한다. 고용과 소득분배가 악화한 상황에서 소득주도 성장은 폐기되어야 한다고 주장한다. 그러나 『불황탈출』을 쓴 박상준 와세다대 교수는 다른 의견을 내놓는다.

박 교수는 가난한 노인은 늘어나는데 나라는 그들을 살릴 재원이 부족하고, 젊은이들이 세금을 내고 연금을 내야 재원을 마련하는데 젊은이의 수는 매년 줄어드는 현실을 직시해야 한다고 말한다. 게다가 2017년 한국의 출산율은 1.05에 불과할 정도로 결혼, 출산, 소비가 계속해서 위축되고 있다. 박 교수는 말한다. 소득주도 성장의 목표는 이 악순환을 끊는 것이라고. 그런데도 우리 정치는 소득주도 성장을 정쟁의 도구로 삼은 채 제대로 된 처방을 내놓지 못하고 있다.

나는 박 교수의 진단과 제안을 진지한 태도로 정독했다. 그는 말한다. 토요일을 공휴일로 지정했을 때도, 김영란법이 통과되었을 때도 한국 경제를 망칠 거라고 주장하는 이들은 많았다고. 그러나 지금은 아무도 이 제도를 비판하지 않는다고.

이웃나라 일본은 노동시간을 단축하고 여성의 경제활동 참가를 장려하는 것이 오히려 국가적 이익이라는 인식을 갖고 있다고 한다. 현재 한국 수준의 1인당 GDP를 갖고 있는 나라 가운데 한국만큼 장시간 노동을 요구하는 나라는 지구상에 없다는 박 교수의 고언을 새겨들어야 한다.

소득주도 성장을 정치 슬로건, 정치 이념으로 바라보는 태도를 버려야 한다. 정부, 여야, 노사가 머리를 맞대고 소득주도 성장의 내용을 구체적으로 다시 바라보아야 한다. 지금 우리의 경제상황에서 무엇을 수정해야 하는지, 무엇을 강화해야 하는지, 무엇을 포기해서는 안 되는지를 고민하고 학습하고 실천해야 한다. 그것이 국민을 향한 정치의 의무다.

시민들은 이제 엄청난 정보량의 유통을 통해 사회를 바라본다. 기존의 언론 매체를 대체하는 정치정보망이 폭발적으로 생겨나면서, 시민들 스스로 우리 사회의 구조적·제도적·역사적 문제를 찾아 교환하고 있다.

정치행동과 정치표현의 담장도 낮아졌다. 기득권 정치가 불신을 조장할 때 시민들은 정치활용론을 말하고 있다. 과거를 지배한 단단한 담론도 흔들리고 있다. 시민들은 세계1류 기업 삼성을 자랑스러워하지만 법법자 이재용의 구속과 유죄 판결을 바라며 공정거래위원회의 활약을 응원한다. 모든 사람들이 노동자들의 총파업에 동의하지 않아도 파업에 참여했던 비정규직을 폄훼하는 정치인에 대해서는 분노한다. 북한의 미사일 도발에 분노하면서도 한반도 평화와 대화 우선의 주장을 거부하지 않는다. 과거의 문법, 진보와 보수라는 이분법적 시각만으로는 절대 읽어내기 어려운 흐름이다.

촛불혁명은 대통령이 탄핵된 2016년 3월 10일, 또는 정권 교체가 이뤄진 2017년 5월 9일 일단락되었다고 보는 것은 저널리즘적 시각이다. 촛불혁명은 아직 식지 않은 마그마이며 현재 진행 중이다. 나는 이 한가운데에서 매일매일 느낀다.

'낡은 것은 여전히 죽지 않고 새것은 아직 오지 않고 있다.'

이탈리아의 정치가 안토니오 그람시가 위기라고 불렀던 그 상황이다. 그 위기의 진앙지는 국회다. 시민들이 시작한 거대한 변화가 정치 앞에서 멈추고 말았다.

정치는 과연 변화를 인지하고 있을까? 이제 시민들은 반대만 하는 야당이 '야당의 자격'이 있다고 생각하지 않는다. 정권에 열심히 반대하고 세력을 모아 집권한다는 것이 헛된 꿈이 되었다는 사실을 야당만 모른다. 원칙 없는 보이콧에 시민들은 '자유한국당 패싱'으로 응답할 뿐이다.

지지율 50퍼센트면 다음 선거에서 석권할 수 있다는 집권여당의 환상도 마찬가지다. 우리 정치는 국회의 담장 안에 거대한 기득권의 요새를 차린 채 세상이 바뀐 줄 모르고 있다. 결국 시민들이 마지막으로 겨냥하는 것은 정치가 될 것이다. 이제 선거제도 개혁으로 한국정치를 바꿔야 한다.

왜 우리 정치는 대한민국의 모든 것을 바꾸자면서 정치 적폐 청산에는 소극적인 걸까. 대한민국 선거제도는 재벌과 중소기업의 원하청 관계만큼이나 불공정한 적폐다. 많은 정치인들이 내각제나 이원집정부제 개헌을 원한다. 그러나 국회에 대한 국민의 극단적 불신을 해결하지 못하면 그런 개헌안은 국민투표에서 부결되고 말 것이다.

개헌을 정말 원한다면 선거제도를 바꿔서 국회를 정상화해야 한다.

2019년 6월 28일 교섭단체 3당(더불어민주당·자유한국당·바른미래당) 원내대표가 원 포인트 합의를 하며 국회가 다시 열렸다. 국회 정치개혁특별위원회와 사법개혁특별위원회 활동기한을 연장하면서 정개특위 위원장을 교체하고 특위위원장 한 자리는 자유한국당이 가져가는 내용이었다. 여야 합의로 정의당 소속 심상정 정개특위 위원장을 교체한 것이 그들의 합의였다.

나는 이를 '비정상의 정상화'가 아니라 '비정상적인 정상화'라고 말했다. 자유한국당이 지난 80일 동안 '국회 파업'을 했던 이유는 패스트 트랙 철회 요구였다. 패스트 트랙은 국회법 절차에 따른 정당한 절차다. 법률을 위반한 이들은 국회선진화법 앞에서 폭력과 난동을 부린 자유한국당 의원들이다. 그랬던 그들이 적반하장으로 '패스트 트랙 지정을 철회하고 사과하라'고 요구한다. 나는 2018년 연말 선거제 개혁 합의를 위해 단식농성을 불사했다. 여기까지 힘겹게 왔는데 위기에 빠진 형국이 되어버렸다.

중요한 것은 선거법 개정안을 처리하겠다는 집권여당의 의지와 로드맵이다.

20대 국회는 촛불의 개혁과제를 전혀 처리하지 못했다. 집권여당이 촛불의 소임을 다하려면 정의당의 뜻을 제대로 이해하고, 두 개혁안을 관철해야 한다. 대통령 핵심공약을 20대 국회에서 하나도 처리하지 못한 부담은 집권여당이 짊어질 수밖에 없다. 집권여당은 '자유한국당 몽니 때문'이라고 변명한다. 하지만 그동안 기회가 없었던 게 아니다. 개혁법안 처리 불발은 고스란히 집권당의 책임으로 남게 된다.

사람들은 묻는다. 준연동형 비례대표제 도입을 포함하는 선거법 개정안이 통과되어야 하는 이유는 무엇이냐고. 민주당과 한국당은 '양당 독점 기득권체제'를 유지하는 게 좋다고 여길 것이다. 하지만 이 체제구도에서 '극단의 대결정치'로 피해를 보는 건 국민과 민생이다. 야당은 집권에 실패한 순간부터 5년간 국정에 협력하지 않는다. 다음 대선에서 정권을 되찾으려고 정책이 아무리 좋아도 반대한다.

양당 대결구도에서는 4년 내내 상대를 쓰러뜨리려는 정치만 횡행할 뿐이다. 20대 국회를 보라.

연동형 비례대표제가 도입되면 우리 사회의 다양한 목소리가 반영되는 선진적인 다당제 국회가 가능해진다. 대결과 싸움만 무성했던 국회에 대화와 타협의 공간이 열릴 것이다. 지역구 예산 확보를 위해 다툼을 일삼던 국회가 청년, 비정규직, 자영업자를 위한 예산 배정을 고민하게 될 것이다. 선거제도 개혁은 정의당만이 아니라 국회개혁의 역사적 사명이다.

여야가 머리를 맞대고 이 사명을 반드시 수행해야 한다. 그것이야말로 정치개혁에 대한 촛불의 염원에 응답하는 길이다.

연동형 비례대표제가 대통령제와 맞지 않는다는 반박도 있다. 권력구조 개편과 함께 선거제 개정이 이뤄져야 한다는 주장도 있다. 물론 권력구조와 선거제도 정합성도 논의해야 한다. 그러나 비례대표제 강화 또는 다당제는 내각제와 맞고 대통령제와는 맞지 않는다는 주장에는 동의하지 않는다. 한 사회의 정치문화 여건도 중요 변수로 다뤄져야 한다.

우리 정치는 대통령이 막강한 권한을 갖고, 집권 정당이 받치고 있다. 이것을 무너뜨리는 게 야당의 최대목표다. 지난 60년 소모적 대결정치를 부르고 지탱한 정치구조다. 안정적인 다당제가 안착되어야 좋은 정부 정책에 대한 연정과 협치가 가능해질 것이다.

다당제 국회에서 협치와 연합정치가 안정적으로 자리 잡으면 대통령제는 더욱 안정화된다. 국회도 달라졌다. 현행 국회의원 선거제도는 양당제에 유리한 소선거구제이지만, 국민들은 이미 다당제를 선택했다. 1987년 민주화 이후 민심은 단 세 번을 제외하고 여소야대 국회를 만들었다. 여당이 인위적으로 여대야소 양당제를 만들면 대결구도가 심해져 혼란이 가중되었다. 양당체제가 지속된 18대 국회와 19대 국회는 역대 최악으로 꼽힌다.

이제 연동형 비례대표제를 도입해 다당제 국회를 만들고 협치를 제도화해야 한다. 상대를 물어뜯는 정치 대신 국민에게 이로운 정치를 도모해야 한다.

일부에서는 다당제가 되면 극우세력 등 극단의 목소리가 국회에서 더욱 커질 거라고 우려한다. 그때마다 나는 구더기 무섭다고 장을 못 담그느냐고 말한다. 광화문 태극기부대도 한자리에 모여서 그렇게 보일 뿐 실제로 극단의 극우정치를 지지하는 세력은 많지 않다. 굉장히 커다란 세력이라고 착시효과를 일으키는 세력집단이 한 줌밖에 되지 않는다는 걸 역으로 확인할 수 있는 기회다.

지금 양당제에서는 자유한국당이 과잉 대표되고 있다. 강남3구에 부동산 수십 채를 갖고 있는 이들, 땅을 파헤쳐 먹고사는 토건개발 업자들이 자유한국당을 지지한다. 우리 사회에 이처럼 먹고사는 사람들이 얼마나 될까? 아주 극소수다. 그런데 한국당 의석은 무려 111석으로 '뻥튀기' 되어 있다. 시민의 합리적 선택이 의석수에 반영되는 제도가 들어선다면 지금의 정당 배열은 다시 정렬될 것이다.

의회는 시민들의 일상적 갈등을 국회로 가져온다. 국민의 입장을 대변하고 국회에서 갈등을 조정하고 타협점을 만든다. 이것을 법안으로 제도화한다. 이 기능이 없다면 길거리에서 만인을 향한 만인의 투쟁이 벌어질 것이다. 세입자와 건물주, 선생과 학생, 환경론자와 개발업자, 노동자와 자본가 사이에 치고받는 싸움이 벌어질 것이다. 시민들이 각자의 힘으로 상대를 제압해서는 공동체가 이롭게 발전할 수 없다. 입법부가 국회에서 갈등을 해결하는 이유다.

대한민국 의회의 가장 큰 문제는 복잡한 갈등에 놓인 다양한 시민들의 목소리를 투영하지 못하고 있다는 것이다. 기득권의 목소리만 국회에 투영되다보니 시민들이 물리적 힘을 동원하는 일이 벌어진다. 노점상들이 구청에 맞서 분신하는 일이 대표적이다. 자살률이 높은 것도 사회적 약자의 실패를 제도가 보호하지 못하기 때문이다.

한국 민주주의 주류 교체는 선거제도 교체 없이는 불가능하다. 30년 양당제가 무너진 자리에 반드시 건전한 정책 경쟁이 가능한 다당제를 세워야 한다. 1등만 당선되는 소선구제도에서는 단 1표를 위해 유권자도, 당론도, 신념도, 상식도 무시하는 배신의 정치만이 자리 잡는다. 선거제도 개혁이 대한민국 개혁이다. 지역구 의원들의 이해관계 때문이라면 의원세비를 줄이고, 의원정수를 늘리는 정공법으로 돌파해야 한다.

한국정치에는 제3의 정당이 필요하다. 어떤 당이 제3당이 되느냐에 대한민국의 미래가 달려 있다. 다음 총선은 정의당이 독자적 교섭단체를 구성하는 제3당으로 발돋움하는 선거가 될 것이다. 민주당 의석 몇 개를 늘리는 것보다 정의당이 독자적인 교섭단체를 이루는 것이 정치개혁의 지름길이다.

고 김대중, 고 노무현 대통령이 선거제도 개혁을
역설했던 이유도 여기에 있다. 노무현 대통령은
취임 후 첫 국회 시정연설에서 대통령 권한 절반
을 내놓는 결과가 되더라도 선거제를 바꿔야 한
다고 말씀하셨다. 내가 갖고 있는 권력과 기득권
에 연연하기보다 국민에게 어떤 정치가 더 이로
운가를 중심으로 큰 그림을 그리고 있었기에 가
능한 일이었다. 문재인 대통령도 선거제 개혁을
중요 공약으로 내걸었다.

더불어민주당은 문재인 정부를 뒷받침하는 집권여당이다. 다음 총선에서 국회의원 배지를 한 번 더 다는 것을 연연하기보다 큰 정치 흐름에서 국민 앞에 책임지는 모습을 보여줘야 한다.

'정치꾼은 다음 선거를 생각하고 정치가(states-man)는 다음 세대를 생각한다'는 말이 있다. 다음 세대에 어떤 정치를 남겨줄 것인지가 정치가의 소임이다. 그건 촛불혁명 이후 국민이 바라는 개혁을 국회가 잘 받아 안는 것이다. 욕먹는 국회, 일 안 하는 국회에서 일한다는 오점이 남는데 삼선, 사선 하면 뭐하나. 기득권을 내려놓는 한이 있어도 좋은 정치를 국민에게 드리겠다는 마음이 있을 때 재선, 삼선도 할 수 있는 것이다.

그러나 정치개혁은 수단일 뿐이다. 정치개혁은 오직 평범한 사람들의 삶을 바꾸기 위해 하는 것이다. 지난여름 고속도로 톨게이트에서 법대로 정규직 전환을 요구하며 농성을 하던 여성노동자가 말했다.

"이렇게라도 하지 않으면……"

이정미를 부끄럽게 만드는 말이다. 고 김용균 씨 어머니에게, 세월호 유가족들에게 우리가 들었던 말이다. 권력 밖으로 밀려난 약자들에게 단식과 농성은 선택이 아닌 최후 수단이다. 그것은 민주주의의 위기를 뜻한다.

극단적인 불평등과 불공정은 시민성마저 파괴하고 있다. 돈만 있으면 다른 이의 존엄을 무시해도 된다는 '갑질'이 넘쳐나고, 시험지를 유출해서라도 명문대에 가야 한다는 '반칙'이 횡행하며, 가난은 여전히 '나라님도 구제할 수 없는' 팔자다.

영화 <기생충>에서 기택의 아들 기우는 "아버지, 저는 돈을 벌기로 했습니다"라는 불가능한 결론을 내린다. 이처럼 각자도생과 자력구제만이 유일한 해결책이 된 사회에서 정치는 부끄러운 줄 알아야 한다.

민주주의의 위기, 아니 민주주의가 제대로 작동하지 않는 것은 그 축을 담당해야 할 보수가 정치의 역할을 포기했기 때문이다. 보수정치는 박정희 개발독재 이래 불평등과 불공정의 신화를 창조해왔다. 민주화 이후에도 소수 대기업, 부동산 기득권이라는 1퍼센트의 자유를 위해, 정치 본연의 역할인 공정한 자원 분배를 거부하고 있다. 최근에는 이주노동자에 대한 혐오까지 동원하고 있다.

가난한 시민은 '알아서 살아남으라'는 무자비한 정치, 소수자의 존재를 부정하는 배제의 정치, 귀족노조 운운하며 자기 자식을 대기업에 뒷문 입사시키는 반칙 정치. 한국의 보수정치는 1퍼센트만 행복한 대한민국이 목표인가? 그것은 보수도 아니다. 가짜 보수가 기승을 부릴수록 한국 민주주의의 불행은 계속될 것이다.

기득권 카르텔이 대한민국을 거꾸로 돌려놓고 있다. 정부개혁의 속도는 가파르게 후퇴하고 있다. "유치원비로 명품가방 사는 게 뭐가 문제냐"는 목소리가 국회에서 터져 나왔다. 역대 최대 규모인 4조 5천억 원의 분식회계에도 삼성 바이오로직스는 버젓이 코스피 거래를 재개했다. 재벌 총수는 신년 인사회에서 "규제로 기업을 옭아매면 우리 경제에 미래가 없다"며 으름장을 놓았다. 비위 관료의 일방적 주장은 연일 '단독'이 붙어서 언론에 도배되었다. 급기야 탄핵 정부의 총리가 "나라가 총체적 난국"이라며 자유한국당에 입당했고, 당대표가 되어 장외투쟁에 나서고 있다.

촛불을 들었던 때를 생각하면 상상할 수 없는 일이다.

기득권 집단은 국민이 '망각의 강'을 건넜다고 판단한 것 같다. 재벌, 관료, 언론, 정당이 함께 카르텔을 형성하고 있다. 숙였던 고개를 들고, 숨죽였던 목소리를 높이며 기득권을 회수하고 있다.

2018년 최저임금에서 시작된 대결은 우리 사회 모든 곳에서 전면적으로 전개되고 있다. 기득권의 역주행을 저지해야 할 정부는 기득권 카르텔에게 오히려 고속도로를 깔아주고 있다. 재벌주도 경제를 벗어나기 위한 노력은 사라졌다. 인터넷전문은행, 규제프리존(규제자유특구) 같은 재벌 민원은 신속히 처리되었다. 최저임금 산입범위 확대, 탄력근로제 기간 확대를 추진하여 노동정책의 효과는 무력화되었다. 노조 활동을 이유로 해고된 교사와 공무원들은 아직도 일터로 돌아가지 못하고 있다.

믿기지 않는 변신의 이유에 대해 정부는 경제가 어렵기 때문이라고 한다. 하지만 시민들은 경제 난국이 모두 정부 책임이라는 사고에서 벗어난 지 오래다.

정부의 경제정책이 불신 받는 이유는 경제가 어렵다는 걸 인정하고 묵묵히 자기 약속을 지켜가는 대신 갈지자 행보를 하며 약속을 바꾸었기 때문이다. 촛불의 승리를 믿었던 시민들은 기득권의 부활과 정부의 변신에 망연자실하고 있다. 이명박·박근혜, 두 전직 대통령이 감옥에 있는 것만 빼고는 무엇이 다르냐는 비판마저 나온다.

나쁜 정권이라면 이렇게 실망하지 않을 것이다. 하지만 실패해서는 안 되는 정부가 실패할지 모른다는 위기감이 시민에게는 패배감을, 기득권에게는 자신감을 안기고 있다.

수많은 희생과 헌신으로 이룬 개혁의 가능성을 이렇게 소진할 수 없다. 정부는 더 이상 지체하지 말고 '불평등과의 전쟁'을 국정 목표로 정하고 촛불 앞에 약속했던 '근본적 개혁'에 나서야 한다. 냉전해체와 평화체제의 수립에 노력했던 만큼, 이제는 불평등과 맞서 '사회평화'를 쟁취해야 한다.

대한민국 경제가 겪는 위기는 '생산과 성장의 위기'가 아니라 '분배와 정의의 위기'다.

지난 1년 반 동안 부동산 가격은 1천 조가 증가했다. 13년간 한 푼 쓰지 않고 모아도 서울에서는 아파트 한 채를 마련할 수 없다. 최저임금 노동자의 174만 원 월급은 그렇게 높다는 나라에서, 재벌 오너와 일가들은 감옥에서 수십억 연봉을 챙겨왔다. 임금소득 상위 0.1퍼센트는 하위 10퍼센트의 1,000배, 상위 0.1퍼센트 대기업이 전체 기업소득의 54퍼센트를 가져간다. 아무리 노력해도 격차를 따라잡을 수 없는 사회에서 암호화폐와 부동산 갭투자만이 청춘의 희망이 되고 있다.

불평등과 불공정 극복은 이정미와 정의당의 정치적 소명이다.

현대 민주주의는 불평등과 불공정을 마치 '중력'처럼 거스를 수 없는 자연법칙이라고 보지 않았다. 대공황과 세계대전을 거치며 현대 민주주의자들은 좌우를 막론하고 불평등과 불공정을 정치의 힘으로 바꾸고자 노력해왔다. '경제결정론을 거부한 좌파'인 스웨덴 사회민주당은 유럽에서 가장 가난한 농업국가 스웨덴을 오늘날의 복지국가로 만들었다. 두 차례 세계대전 패배로 폐허가 된 독일의 산업과 민주주의를 일으킨 것은 '시장 만능론을 거부한 우파' 기독민주연합이었다.

미국의 정치학자 셰리 버먼이 "정치가 우선한다"고 말했던 것처럼 현대 민주주의자들은 경제가 모든 것을 결정한다는 생각을 거부하고 정치를 통해 평범한 사람들의 삶을 바꿀 수 있음을 믿고 실천해왔다. 나와 정의당의 정치적 소명과 같다.

불평등과 불공정은 개인의 불행이 아니다. 우리는 정치의 힘으로 자유롭고 평등한 공동체를 만들 수 있다.

정의당이 이 소명을 온전히 실천해왔느냐고 묻는다면 아직 자신 있게 답할 수 없다. 일찍이 '무상의료, 무상교육'이라는 이정표를 제시했지만, 이를 뛰어넘는 새로운 비전과 목표를 보여드리지 못했다. 일하는 모든 사람들을 대표하기 위한 노력에도 불구하고 미조직 비정규직 노동자를 대표하기 위해 더 힘을 기울였다고 자평할 수 없다. 이는 정의당의 한계일 뿐 사회적 약자들을 위한 변명이 될 수 없다.

정의당은 더 큰 정당, 한국정치의 유력 정당으로 성장하려고 한다. 이유는 단 하나, 오로지 그들의 삶을 변화시켜야 한다는 정치적 소명을 다하기 위해서다.

더불어민주당은 불평등·불공정 극복의 정치적 비전과 의지가 있는가? 불평등과 불공정을 극복하기 위한 정치가 실종된 것은 보수 때문만이 아니다. 자유한국당의 존재가 집권당인 더불어민주당의 면죄부가 될 수 없다.

민주화의 성공과 수평적 정권교체에도 불구하고 우리 사회 불평등과 불공정이 확대되어왔다. 집권 때마다 반복되는 우클릭과 우회전 논란에서 보듯이 경제기득권 앞에서 집권 민주당의 개혁도 멈췄다. 심지어 촛불정부에서조차 실망을 안겨주고 있다. 최저임금 산입범위 확대와 탄력근로제 개악, 은산분리 원칙 훼손, 법관 탄핵 실패, 채용비리 연루 의원 체포동의안 부결 일조, 그리고 흔들리는 선거제도 개혁까지.

지금의 민주당은 대통령의 높은 인기와 당내 일부 진보인사들을 '알리바이' 삼아 진보를 과잉대표하고 있는 것은 아닌가? 진보의 레토릭을 이용해 세상을 바꾸는 데 소극적이고, 변화의 책임을 떠넘기면서 늘 다음 선거에서 우리를 압도적 다수로 만들어달라는 것이 과연 정당한가?

정의당은 평등과 공정의 경제를 위한 4대 원칙을 제시한다.

첫째, '땀과 땅의 대결'의 승자는 '땀'이어야 한다. 대한민국 불평등의 근원에 '땅의 불평등'이 있다. 대학생과 주부들까지 아르바이트비와 쌈짓돈을 들고 갭투자에 나서고 있다. 지금 땅 부자들을 추격하지 않으면 영원히 격차를 줄이지 못한다는 불안감이 그들을 투기광풍으로 떠밀고 있다. '땅'이 '땀'을 영원히 이기는 부동산 공화국은 망국으로 가는 지름길이다. 돌이켜 보면 70년 전 정부 수립 당시 대한민국은 경자유전(耕者有田)*의 원칙으로 농지개혁을 단행하여 근대화와 산업화의 기반을 일궜다. 이제 거자유택(居者有宅)**의 원칙으로, 부동산을 개혁하고 불평등을 넘어선 발전의 길을 닦아야 한다.

*
농사짓는 사람이 밭을 소유함
**
주택은 실거주 수요자가 소유하는 것을 원칙으로 한다.

'1가구 1주택'을 정책의 기본 원칙으로 세우고 '땀'의 승리를 이뤄야 한다. 투기 목적의 추가적 주택 보유는 더 이상 기회가 아니라 고통이 되어야 한다. 가격도 모르고 상품을 사야 하는 선분양제, 상품의 비용이 얼마인지도 모르게 만드는 분양원가 미공개 같은 반(反)시장적 제도를 뿌리뽑고, 부동산 시장을 정상화해야 한다. 필요한 사람에게, 적정 가격으로 공급하는 제대로 된 공급정책을 세워야 한다.

서울은 매년 신규 주택 수요 대비 1만 7천 채나 많은 집을 짓고 있지만 자가 주택 보유율은 42.1 퍼센트로 떨어졌고, 아파트값만 올라 평균 7억 원을 돌파했다. 공급이 땅 부자들의 투기로 이어지는 고리를 끊지 못하는 한 아무리 집을 지어도 밑 빠진 독에 물붓기다.

이제 공급정책의 방향을 바꿔야 한다. 투기 붐을 일으키는 그린벨트 해제 대신 공공형 사회주택을 공급하고, 전월세 상한제와 계약갱신청구권을 도입하여 집 없는 서민의 안정적 주거를 보장하는 시급한 과제부터 해결해야 한다.

청와대 참모진과 장관급 공직자의 35퍼센트가 다주택자다. 국회의원 119명이 다주택자이며, 74명은 강남3구에 집이 있다. 국민의 3.4퍼센트만이 강남에 살지만, 국회의원의 24.6퍼센트가 강남에 집을 갖고 있다. 누가 뭐래도 장관, 국회의원들 다수가 국민의 눈으로는 부동산 기득권이다. 이런 상황에서 국민이 정책결정권자의 주장을 신뢰할 수 있을까? 자발적 1주택을 실천해서 우리 안의 기득권부터 해체해야 한다. 문재인 대통령은 집을 팔아 2주택자에서 1주택자가 되었다. 국회와 정부 성원의 자발적 1주택은 어떤 정책보다 가장 확실한 부동산 개혁의 신호가 될 것이다.

둘째, '확장적 재정정책'으로 전환하고 강력한 사회안전망을 구축해야 한다. '소득주도 성장'은 확장적 재정정책과 같다. 이제 재정의 목적은 '세수대비 균형'이 아니라 '시민의 필요'가 되어야 한다.

우리가 부끄러워해야 할 것은 실업급여가 아니다. 자기 잇속만 차리다 경영에 실패한 기업에 수천억 원씩 제공했던 구제금융이며, 50조 원을 날려버린 자원외교다. 시장 밖으로 밀려난 가난한 시민들에게 돈을 푸는 것은 포퓰리즘이 아니라 국가의 책무다.

긴축재정의 대명사 IMF마저 권고하듯 재정확대는 필수다. 우리 경제는 미중 무역 갈등과 반도체 불황으로 구조적 취약점을 드러냈다. G2와 반도체만 의존하는 경제는 지속가능하지 않다. 혁신과 신(新)산업동력을 확보하기 위해 재정을 확대해야 한다.

저성장이 예고된 시대에 최저임금과 주52시간제처럼 정부 지출 없는 정책만으로는 소득주도 성장을 기대할 수 없다. 지급능력이 가장 강력한 정부는 손을 놓은 채 자영업자와 중소기업만 지급문제를 떠안아서는 약자들 사이의 갈등만 계속될 것이다.

문제는 재정 불균형이 아니라 경제 불균형이다. 균형 그 자체에 매달리는 재정정책은 목적과 수단이 완전히 뒤바뀐 본말전도의 정책이다. 냉골이 되어버린 우리 경제에 대형 터빈을 돌려도 모자란 때에 더 이상 군불만 때서는 안 된다.

이제 GDP 대비 국가 채무비율 40퍼센트라는 근거 없는 신화에서 벗어나 정부 지출을 과감히 늘려야 한다. 확장 재정은 철저히 '아래를 위해, 그리고 미래를 향해' 세 가지 차원에서 써야 한다.

먼저, 중소자영업자와 중소기업이 상생하기 위해서는 경제체제의 전환비용이 필요하다. 인간다운 삶을 위한 최소한의 조건인 최저임금, 주 52시간, 그리고 노동권 확대가 보장된다면 자영업자와 중소기업 지원을 늘리고 필요하다면 세제 지원도 확대해야 한다.

다음으로, 녹색뉴딜에 사용해야 한다. 더 이상 나중은 안 된다.

생태 복원을 뒷전으로 미루는 정책은 지난 70년 성장의 그림자다. 생태적 균형을 회복해 지속가 능한 발전을 도모하고 신재생에너지 산업의 경 쟁력을 따라잡기 위해서는 관련 예산을 대폭 늘 려야 한다. 중소자영업자에게 부담이 되는 미세 먼지 저감 장치, 노후 경유차 교체 지원비를 확 대해 녹색경제로의 전환 비용을 사회적으로 분 담해야 한다.

마지막으로 과감한 복지 확대다. 정부가 예고한 한국형 실업부조의 보장성을 더 확대하고, 부양 의무 제도를 완전 폐지하여 사회보험 밖에 있는 약자들에게 안전망을 제공해야 한다. 특히, 한국형 기본소득의 일환으로 정의당이 제안한 청년 사회상속제를 실시해 청년들에게 희망을 주어야 한다.

한국당 나경원 원내대표는 생명 안전 인프라에 매년 10조 원을 추가 지출하자고 했다. 김성태 전 원내대표는 출산주도 성장에 30조 원을 더 쓰자고 했다. 재정지출을 늘리지 않으면 불가능한 이야기다. 그런데 자유한국당은 올해만 세입 20조 원을 삭감해야 한다고 주장한다. 매년 40조 원이 들어가는 출산주도 성장, 생명 안전 인프라는 무슨 돈으로 하나. 세입을 확대하자는 건지, 적자재정을 감수하자는 건지, 분명한 답을 내놓아야 한다.

무조건 재정확대만 하자는 것이 아니다. '복지증세'를 함께 논의해야 한다. 제대로 쓰이기만 하면 국민들은 얼마든지 세금을 더 낼 수 있다. 비단 사용자만이 아니라 소득상위에 속하는 노동자들의 의견도 다르지 않다.

경제사회노동위원회는 그 위상에 맞게 복지증세에 대한 논의에 착수해야 한다. 정부는 더 과감하게 고통 받는 '아래'를 향해 재정을 풀어야 한다. 실직과 동시에 생계수단을 상실하는 청년과 비정규직, 자영업자를 위해 실업부조부터 실시해야 한다. 기초생활보장제의 부양의무제를 전면폐지하고, '병원비 연간 100만 원 상한제'를 실시하여 OECD 최고 수준인 의료비 부담률을 낮춰야 한다.

'통계와의 전쟁'이 아니라 '갑질과의 전쟁'을 시작해야 한다. 지금 기득권 집단은 모든 자원을 총동원하여 '통계와의 전쟁'을 벌이고 있다. 이 전쟁은 불평등과 양극화라는 우리 사회 공통의 적과 싸우는 전쟁이 아니다. 불평등과 양극화로 가장 고통 받는 '을' 간의 싸움판을 벌여놓고 기득권세력의 갑질을 은폐하는 도구로 쓰고 있다. 하루아침에 300만 원 월세가 1,200만 원으로 오른 궁중족발이 모든 자영업자의 미래이고, 물벼락 갑질이 CEO의 일상이 된 나라에는 경제적 약자가 설 자리가 없다.

기득권이 독식한 경제 권력은 분산시키고 불법과 탈법을 근절해야 약자들도 내일을 꿈꿀 것이다.

정의당 공정경제민생본부가 다섯 차례에 걸쳐 실시한 <갑질 피해 증언 대회>를 보면 원하청과 하도급 거래는 '시장 법칙'이 아니라 '정글의 법칙'만이 남아 있다. 기술 탈취와 납품단가 후려치기, 대금 미지급과 부당한 설계 변경 요구, 도급업체에 부실공사 책임 떠넘기기, 힘없는 하청업체를 상대로 한 소송 남발 등 수법도 다양해졌다.

공정거래법, 상법, 하도급법 개정은 시장 원리에 반하는 법률 개정이 아니다. 오히려 아무 규칙 없이 갑이 마음대로 주도하는 '반시장적인 갑질 경제'에 최소한의 규범을 만드는 기초개혁이다.

'소득주도 성장'에서 '노동주도 성장'으로의 진화를 기획해야 한다. 국제노동기구는 사회 정의(Social Justice)의 실현 조건이 '좋은 노동(Decent Work)'이라고 말한다. 저임금·장시간 노동과 고용불안에 시달리는 대한민국 노동을 좋은 노동으로 바꿀 때 '소득주도 성장'은 성공하고 '노동주도 성장'으로 진화할 것이다. 포스코에 사상 첫 노조가 생기고, 노조 파괴를 자행한 삼성 관계자들이 대거 기소됐다.

무노조는 더 이상 기업 경영 전략이 아니다. 그것은 헌법과 노동자의 인간성을 파괴하는 불법 행위다. 노조 할 권리가 제대로 세워질 때 좋은 노동은 가능하다. 국제노동기구 협약 비준과 산별교섭 제도화로 노동약자들의 노조 결성을 도와야 한다. 전체 취업자의 25퍼센트가 자영업인 현실임을 감안할 때 그들의 단체 결성과 교섭권을 보장해야 한다. 이미 일본에서는 편의점 업체 가맹점주의 교섭권이 인정된 사례가 있고, 프랑스에서는 교섭이 의무화되어 있다.

좋은 노동은 차별의 경계가 없어야 한다. 5인 미만 사업장 노동자의 75퍼센트가 비정규직이며 이들에게는 연차휴가도 연장수당도 없다. 근로기준법 '밖'의 가장 열악한 노동자를 보호하기 위해 5인 미만 사업장 근기법 적용 제외를 철폐해야 한다.

지난 대선에서, 문재인, 유승민, 심상정 후보가 함께 공약한 '비정규직 사용사유 제한제도'를 시급히 입법하여 비정규직 반값 인생을 끝내야 한다.

정의당은 소득주도 성장에 '산업민주주의'를 더하여 '노동주도 성장'을 추진할 것이다. 경제의 주권자인 노동자가 임금 협상은 물론 경영과 소유에 참여할 때 우리 경제의 새로운 활로가 열릴 것이다.

노동조합을 장려하고, 노사협의회를 보완하고, 한국형 공동결정제도를 도입해야 한다. 원-하청 이익공유제와 무상 우리사주제 등 성과와 지분을 공유하는 시스템이 필요하다. 기존의 소득주도 성장론을 한 단계 업그레이드한 '노동주도 성장'은 우리 경제에 '땀의 숨결'을 불어넣고 활력을 가져올 것이다.

국제노동기구는 올해 창립 100주년을 맞았다. 100주년 총회에 대통령이 참석할 것으로 기대를 모았지만 성사되지 못했다. 노정관계는 정부 출범 이후 가장 위태로운 상태다. 공공부문 비정규직 노동자들은 '비정규직 제로'라는 약속을 지키라며 절규하고 있다.

노동존중은 길 잃은 국정기조가 되었다. 정부는 공공기관 비정규직 전환을 전면 점검하고 비정규직 사용사유 제한 등 대선 공약을 지켜야 한다. 국제노동기구 기본협약 비준동의를 위한 구체적 계획도 내야 한다. 일하는 사람을 포용하지 않는 포용국가란 있을 수 없다는 것을 정부는 되새겨야 한다.

세상의 절반, 여성들에게 응답하자. "세상의 절반이 여성이라는 것을 머리가 아니라 가슴에 담겠다"고 했던 어느 정치인의 연설이 지금도 가슴에 남는다.

이제 국회가 응답할 때다. 각 정당들이 제출한 비동의 강간죄와 성폭력 처벌 강화, 디지털 성범죄 처벌 강화, 스토킹범죄 처벌특례법과 같은 미투 법안들을 반드시 처리해야 한다.

'투명인간이 된 농민'을 생각하는 국회를 만들어야 한다. 백남기 농민의 죽음으로 촛불혁명의 불을 댕겼던 농민들이 이 정부에서도 여전히 '투명인간'이다. 경남 진주에서 농사를 짓던 한 여성 농민이 극심한 생활고에 허덕이다 스스로 생을 마감했지만, 이 사실은 뉴스조차 되지 않았다.

문재인 대통령이 '농민은 식량안보를 지키는 공직자'라고 했지만, 정부와 국회 어디에서도 농업, 농촌, 농민이란 말을 들을 수 없다.

1,000원짜리 밥 한 그릇에 쌀값 300원은 받을 수 있게 해달라는 농민들의 요구는 과한 것이 아니다. 물가와 생산비 상승을 반영해 쌀 목표가격을 실질화해야 한다. 80퍼센트에 달하는 중소농민들은 농축산물 생산만으로 생계를 유지할 수 없다. 이미 전남 강진에서 시작한 농민수당을 전국으로 확대해 농민들의 기본소득을 보장하고 지속가능한 농업을 도모해야 한다. 지역구가 농촌인가 아닌가 따지지 말고 농민도 국민이라는 생각으로 힘을 모아야 한다.

탈핵은 시대정신이다. 신고리원전 5, 6호기는 즉각 중단돼야 한다. '머리 위에 이고 사는 핵은 안 되고, 옆구리에 끼고 사는 핵은 된다'는 것은 자가당착이다. 신고리 5, 6호기 중단은 더 이상 물을 것도 따질 것도 없다. 이미 원전 24기가 생산하는 전력은 남아돌고 있다. 24기 중 8기가 정비나 고장으로 가동을 멈춰도 전력공급 예비율이 충분한 상황이다. 여기에 원전을 더 지을 이유가 없다.

지금 우리가 공론화시킬 것은 신고리 5, 6호기가 아니라 '원전 제로와 탈핵'이다. 국민의 총의를 모아야 한다면 언제 어떤 방식으로 완전 탈핵을 실현할지 '국민투표'를 실시하면 된다. 문제는 자유한국당과 바른정당이 원전마피아의 이해관계만 대변하며 여론을 호도하는데도 집권 여당이 침묵하고 있다는 것이다. 더불어민주당은 비겁한 침묵을 중단해야 한다. 대선 공약대로 원전 건설 중단을 선포하고 실천해야 한다.

2018년 지방선거를 앞두고 벌어진 개헌 정국에서 정의당은 독자적인 개헌안을 발표했다. 정의당은 새 헌법이 젠더평등 헌법, 노동존중 헌법이 되어야 함과 동시에 '생명헌법'이자 '녹색헌법'이어야 한다고 역설했다. 국민의 기본권인 식량주권을 보호하고 동물을 포함해 이 세상 모든 생명의 존귀함을 강조하는 개헌을 이뤄야 한다.

새 헌법은 또한 강력한 지방분권과 선거의 비례성 원칙을 천명해야 한다. 이를 통해 한국정치는 완전한 민주주의에 한발 더 다가설 것이다. 정의당은 대한민국의 미래를 국회와 일부 헌법학자들에게 맡겨두지 않을 것이다. 개헌의 4대 원칙 실현을 위해, 국민과 가장 밀착된 현장에서 끝까지 함께할 것이다.

한일관계가 격랑에 휩싸였다. 아베 신조 일본정부는 반도체 핵심소재 수출규제 발표에 이어 화이트리스트(수출절차 간소화 우대국)에서 한국을 빼는 도발을 감행했다. 도올 김용옥 전 고려대 철학과 교수는 "아베 총리의 경제전쟁은 일본 국민의 근본이익을 해치는 가미카제특공대 같은 행위"라고 비판했다.

우리 국민들도 일본상품 불매운동을 포함한 주체적이고 집합적인 대응을 지혜롭게 펼쳐가고 있다. 일본의 비정상적이고 제국주의적인 행태에 우리 국민들은 평화롭고 합리적으로 대응하고 있다. 역시 우리 국민은 다르다.

아베의 경제전쟁은 아베 개인과 아베정권을 위한 것일 뿐이다. 일본은 알아야 한다. 그들의 선택이 일본의 역사를 후퇴시키고 일본 국민의 근본이익을 해치는 자해적 행동이 될 것임을.

아베정부는 일본의 시민사회와 양심세력의 주장에 귀를 기울이고 속히 정상적인 경로로 돌아와야 한다. 우리 정치도 거시적이고 역사적 관점에서 아베정부가 도발한 경제전쟁을 지혜롭게 동시에 단호하게 대처해야 한다.

2019년 7월 31일-8월 1일, 일본의 수출규제 해법을 모색하기 위해 1박 2일간 국회 방일의원단 자격으로 일본에 다녀왔다. 방일단에는 단장인 무소속 서청원 의원을 비롯해 더불어민주당 김진표, 자유한국당 윤상현, 바른미래당 김동철, 민주평화당 조배숙, 그리고 정의당을 대표해 내가 다녀왔다. 1박 2일의 짧은 일정, 소속 정당도 달랐지만 우리는 사안의 중대성을 인식하고 최선을 다했다.

물론 아쉬움도 있었다. 7월 31일 국회방일단은 일본 자민당 니카이 도시히로 간사장과의 면담이 불발됐다. 니카이 간사장은 일본 자민당 2인자로 통한다. 그는 7월 31일 오후로 잡혔던 국회방일단 면담 일정을 한 차례 연기한 후 돌연 회의를 취소했다. 일본 집권정당의 입장에서 대화로 파국을 막겠다는 것보다 힘으로 제압해보겠다는 뜻으로 읽혔다.

우리는 일본 야당 인사들과 만나 대화를 나누었다. 그 과정에서 일본 국회의원들이 굉장히 잘못된 정보를 갖고 있다는 인상을 받았다. 아베정부가 잘못된 정보를 일본 국회의원들과 공유하고 있다는 것을 확인했다. 정치적 주도권이 아베 총리에게 독점되어 있었다. 일본 국회의원들은 수출품목 관리에 대해서 한국정부를 신뢰할 수 없다고 말했다. 자신들은 100여 명의 실무자들이 이것을 관리하고 있는데, 한국정부로 흘러들어간 품목이 어디서 어떻게 활용되는지, 한마디로 테러나 비핵화에 대응하기 위한 어떤 체계를 갖춰서 관리하는지 의심이 든다는 것이다.

나는 언론과의 인터뷰에서 일본 야당과 소통하는 과정이 필요하고, 우리 쪽에서도 잘못된 정보들을 바로잡아 나가는 적극적인 여론전이 필요하다고 강조했다.

일본은 지금 남북관계가 급속도로 호전되면서 우리에게 강한 견제심리를 갖고 있다. 아베정부는 강하게 힘으로 밀어붙여 남북관계가 일본을 배제한 채 앞으로 나가는 것에 제동을 걸겠다는 의도를 가진 듯하다.

분명한 건 일본 상황도 녹록하지 않다는 것이다. 한일의원연맹을 만난 때부터 일관되게 들었던 얘기는 '이것이 한일관계 악화로 간다 하더라도 스포츠 교류, 어린이 교류, 문화 교류가 중단되어서는 안 된다'는 것이었다. 그들은 2020년 도쿄 올림픽을 언급하며, 현 상황이 악화돼 올림픽에 영향을 미치는 것을 걱정했다. 1,100개에 이르는 수출품목 전체가 다 닫히면 일본 기업도 타격이 있다는 걱정을 숨기지 않았다.

2019년 광복절을 맞아 나는 "불매운동은 제2의 광복운동"이라고 선언했다.

국민들의 불매운동은 과거사 문제를 이유로 호혜평등한 무역질서를 파괴하여 우리 산업의 성장을 위축시키려는 무도한 아베정권에 대한 정당한 항의다. 일본과 일본인에 대한 적대와 증오가 아니라 동북아의 평화와 공존을 위해 서로를 존중하는 친구로 나아가자는 성숙한 운동이다.

74년 전 광복은 단지 식민지배의 종료만은 아니었다. 광복은 35년간 지속된 파시즘, 군국주의, 차별과 불평등을 뛰어넘자는 거대한 함성이었다. 1965년 청구권 협정으로 봉합된 식민지배의 책임을 분명히 묻고, 인권과 평화라는 인류 보편의 가치를 지키고자 하는 운동. 국민들의 불매운동은 대한민국 국민들이 만든 또 하나의 촛불이다.

아베정권이 65년 체제라는 낡은 질서를 지키려고 할 때, 우리 국민들은 인권, 평화, 연대라는 미래로 나아가고 있다.

아베정부는 다시 생각해야 할 것이다. 1965년 국교수립 이후 한일관계 최악의 상태에서 도쿄 올림픽이라는 국가적 대사를 맞이할지, 아니면 지금의 상황을 개선할 것인지 시급히 판단해야 한다.

일본정부가 하루 빨리 무역보복과 관련된 잘못된 조치들을 철회하고, 한국정부와 제대로 된 대화에 나서길 바란다. 그것만이 동북아의 좋은 이웃으로 가는 유일한 길이다. 그러나 국회는 어떠한가. 5.18 부정으로 당에서 제명되고도 여전히 의원직을 유지하고 있는 한 의원은 광복절을 앞두고 식민지배를 노골적으로 찬양하는 토론회를 국회에서 열었다. 위안부 피해자, 강제징용 피해자들을 오히려 거짓말을 하는 죄인으로 만들고, 일본 우익들에게는 먹잇감을 던져주는 일을 자행하고 있다.

영화 <1987>에서 '연희'는 이렇게 묻는다. "그런
다고 세상이 바뀔까요?"

이는 정의당만이 아닌 대한민국에 던져진 과제
다. 얼마 전 파리바게트 불법파견 문제가 타결되
었다. 부당한 처우를 참지 못해 노동조합을 만들
었던 20대 청춘의 입에서 "야! 되는구나!"라는 이
야기가 터져 나왔다. 나는 불법을 바로 잡고 처우
가 개선된 것 그 이상으로, 그들이 세상을 바꾸는
경험을 하게 되었다는 점이 감격스러웠다.

2018년 대한민국 청년들에게 '가능성'은 가장 낯선 단어다. 가상화폐에 청년들이 열광한 이유는 노동소득만으로는 도저히 내일을 꿈꿀 수 없는 비관적 현실 때문이다.

2017년 통계청은 30대 미만 저소득 1인가구의 월평균 소득이 78만 원이라고 발표했다. 2007년 '88만 원 세대'가 나온 지 10년 만에 청년들은 더 가난해지고 더 밀려났다. '청년고용의 빙하기를 견딜 청년복지정책'을 즉각 시행해야 한다.

2019년 8월부터 시작된 이른바 '조국 대전'은 우리 사회에 커다란 상처를 남겼다. 정의당은 검찰 개혁이 엄중하다고 보고 대통령의 임명권을 존중했지만, 조국 전 장관으로 드러난 우리 사회의 격차와 불공정에 대한 민심은 거셌다. 보수정치는 조국 장관 딸의 입시 문제로 청년세대가 크게 좌절했다고 여권을 질타했다.

그러나 청년들은 광화문이나 서초동에서 과연 자신의 깃발을 찾을 수 있었을까? 국제 학술지 논문으로 명문대에 입학하는 것과는 무관한 삶을 사는 52퍼센트 비정규직 청년들에게 조국 장관 딸의 입시 문제는 전혀 다른 세상 이야기였다. 청년세대의 가장 큰 좌절은 "진보건 보수건 특권층은 그렇게 하는 게 당연하다"는 무력감이었다. 그것이 조국 장관을 통해 확인된 것이다.

토드 필립스 감독이 연출하고 호아킨 피닉스가 출연한 영화 <조커>가 2019년 베니스국제영화제에서 최고상인 황금사자상을 수상했다. <조커>는 개봉하자마자 한국과 미국 박스오피스 1위에 오르며 대중의 시선을 압도하고 있다.

<조커>는 배트맨의 천적이자 고담시의 제일가는 악당인 조커의 기원을 써내려간다. <배트맨> 시리즈에서 캐릭터와 배경을 가져왔지만 원작과 다르다. 광대 아서 플렉이 악당 조커가 되어가는 이야기를 통해 영화는 '불평등'을 이야기한다. 쓰레기 더미와 극심한 빈부격차로 분열된 고담시의 모습과 거울 앞에서 광대 분장을 하는 아서 플렉의 모습은 많은 것을 생각하게 한다.

아서의 비극은 극히 모순적이다. 그의 어머니는 아들을 '해피'라 부른다. 하지만 아서의 현실은 반대다. 사람들에게 웃음을 주고 싶은 아서는 발작적 웃음으로 사람들에게 불편함을 안겨줄 뿐이다. 그는 무시와 외면과 모욕으로 점철된 일상을 견딘다. 결국 살인을 저지른다. 아이러니하게도 아서의 살인은 부유층에 대한 반감으로 미화되고, 시민들은 그에게 열광한다. 사람들은 거리로 뛰쳐나오고 아서는 처음으로 주목받는 자신을 느낀다.

<조커>의 주인공 아서는 정신질환을 앓고 있다. 빈부격차, 사회적 약자에 대한 연민과 공감이 결여된 사회도 병들어 있다. 영화를 둘러싼 반응도 각양각색이다. 관객들은 높은 평가를 주는 데 반해 언론은 위험성을 지적한다. 정신병적인 행동을 미화한다는 비판이 대표적이다. 부자를 향한 대중의 분노가 표출되는 영화 속 고담시가 우리의 현실과 다르지 않다는 점에서 그 우려는 더욱 큰 것 같다.

분명한 건 영화에 대한 상반된 입장에도 불구하고 <조커>가 대중의 마음을 강렬하게 파고들었다는 것이다. 영화와 현실을 넘나드는 <조커>의 위력 앞에서 우리는 많은 것을 생각하게 되었다. 2019년 칸국제영화제에서 황금종려상을 수상한 <기생충>도 같은 메시지를 전하고 있다. 두 영화 모두 경제적·사회적으로 소외된 주인공들이 가난과 모욕을 견디다가 결국 상류층에 대한 살인을 저지르고 만다는 이야기 구조를 갖고 있다.

불평등은 분노와 울분으로 이어진다. 재독 철학자 한병철 교수는 현대사회의 성과주의를 날카롭게 비판하며 '피로사회'를 이야기했지만, 지금 우리는 '분노사회'를 살고 있다. 서초동과 광화문에 모인 국민들은 저마다 다른 분노와 울분을 표출했다. 『90년대생이 온다』속 밀레니얼 세대는 공정과 정의를 상실한 기성세대에 분노한다. 상처, 불공정, 비정규직, 갑질, 꼰대, 따돌림, 괴롭힘, 차별, 착취, 혐오, 비리, 잘못 은폐, 공권력 남용, 재난, 참사, 왜곡…… 지금, 대한민국은 답답함과 분노가 가득한 공간이 되어버렸다.

'조국 정국'을 지나며 나 또한 많은 것을 돌아보았다. 왜 국민들이 불공정하다고 느꼈는지, 2030세대가 요청하는 공정함이 무엇인지 반문해보았다. '저런 어른이 되고 싶다'는 지표가 사라진 젊은 사람들의 상처를 헤아렸다. 깊이 고민하고 성찰하는 시간은 지금도 이어지고 있다.

'정의(justice)'를 생각해본다. 일본의 사상가 우치다 타츠루는 『곤란한 성숙』이라는 책에서 정의를 행해야 한다는 생각은 불의에 의해 상처받고 훼손당한 사람에 대한 자애와 공감에서 비롯된다고 적었다. 그에 따르면 정의의 기원은 '타자에 대한 사랑'이다. 측은한 마음이다. 이제 우리는 공정성과 정의라는 개념에 대한 사회적 합의를 새로 모아야 한다. 세대별로, 계층별로, 계급별로 갈기갈기 찢어진 공정함에 대한 이해와 포용이 필요하다. 걱정만 해서는 안 된다. 화두로만 남아서도 안 된다. 국가와 정치는 사회안전망을 강화해 사회적 약자들을 보호하는 방법으로 공정성 문제에 대한 실질적인 대안을 내놓아야 한다.

정치는 '말'과 '구호'만 외치지 말고 눈앞에 있고, 상처를 입고 있고, 고통 받고 있는 국민과 구체적으로 접촉해야 한다. 정치의 의무는 더욱 무거워지고 있다.

이 불평등과 불공정을 극복하는 것이야말로 조국 장관의 진퇴 이상으로 중요하다. 아니, 검찰개혁 그 이상으로 중요하다.

나는 세 가지를 제안한다. 첫째, '청년사회상속제'로 절망의 가계부를 바꿔야 한다. 150만 원 월급에서 50-60만 원 월세를 내고, 30-40만 원 학자금 원리금을 갚아서는 빈곤의 악순환을 벗어날 수 없다. 우리 국민의 2.2퍼센트가 5조 6천억 원의 상속세를 낸다고 한다. 그 엄청난 상속세를 재원으로 1천만 원의 배당을 실시해 청년들의 독립과 인간다운 삶을 지원해야 한다.

둘째, '지·옥·고(반지하·옥탑방·고시원) 탈출을 위한 적극적 청년주거 정책'이다. 1인 가구 맞춤형 소형임대주택, 사회주택 공급을 확대하고, 2,000만 원 미만 소액 월세 보증금 대출 등 주거금융 지원을 확대하여 '지옥고' 같은 비주택에서 청년들이 탈출하도록 도와야 한다.

셋째, '청년실업부조의 도입'이다. 취업 경험이 없어 고용보험에 가입하지 못하고 장기실업 중인 청년들이 많다. 고용보험 밖에서 아무런 사회적 보장도 받지 못한 채 살아가는 청년들에게 삶의 기본적 여건을 제공해야 한다. 청년고용의 빙하기를 극복하기 위해 '5퍼센트 청년의무고용할당제'를 민간 기업까지 확대해야 한다. 질 좋은 청년일자리를 늘리는 특단의 대책을 강구해야 한다.

연희와 같이 묻는 청년들에게 "예, 그래도 세상은 바뀝니다"라고 답하는 정의당이 될 것이다.

지금 한국정치는 근본적인 재편기에 들어섰다. 1,600만 촛불로 60년 한국정치를 지배한 양당질서는 무너지고 정당질서의 재정렬이 시작되었다. 향후 누가 한국정치 질서를 주도하는 주요 정당이 될 것인지 치열한 경쟁이 시작되었다.

정의당은 촛불을 들었던 국민들에게 자부심이 되는 당이 될 것이다. 양당질서의 복귀를 타진하며 반대를 위한 반대에 머무는 구태정치의 길은 정의당의 길이 아니다. 정의당은 문재인 정부 왼쪽에 있는 유일한 야당으로 반(反)개혁 세력과는 맞서고 미흡한 개혁은 비판하는 진짜 야당이 될 것이다. 누구보다 민생현장에서 헌신적인 활동을 펼칠 것이다.

정의당에게 권력을 맡기면 반드시 우리 삶이 달라진다는 확신을 드리고, 그 기반 위에 정의당을 '2020년 제1야당'으로 우뚝 세울 것이다.

정의당 총선은 차기 지도부가 이끌게 된다. 당대표 임기를 마치기 전 차기 지도부에 총선에 대한 부담을 줘서 안 된다는 마음으로 총선기획단을 구성했다. 지도부가 총선 전략에 대한 논의를 나누고 이를 차기 지도부에게 넘겨주었다. 총선 목표는 독자적 원내 교섭단체 구성과 제1야당의 지위 확보다. 내년 총선은 굉장히 큰 변화가 있을 것이다. 그에 대한 대비를 해야 한다.

얼마 전 한 당직자가 '당대표가 되어 무엇이 가장 좋았느냐'고 물어왔다. 당을 온전히, 전적으로 책임지는 경험은 일생일대의 경험이다. 누구도 대신해주지 않는다. 잘한 일도, 못한 일도, 영광도 실패도 자신이 안고 간다. 강해지지 않을 수 없었다. 위기를 회피하지 않고 위기에 직면하는 것을 두려워하지 않게 되었다.

당대표가 되면서 내세웠던 공약은 100퍼센트 이뤘다. 청년정치인 육성 프로그램 일환으로 '진보정치 4.0 아카데미'를 1년 동안 진행했다. 35세 이하 청년수강생을 대상으로 노동, 젠더, 경제, 인권 등의 주제로 학기를 운영했고, 독일 정치연수로 마무리했다.

외국의 젊은 총리나 장관, 국회의원들을 보면 어렸을 때부터 지속적으로 정치인으로 성장할 수 있는 정당 프로그램을 밟아왔다. 독일 정당들은 모두 청년정당이 있다. 이런 프로그램을 향후 5년은 지속해야 한다. 우리가 숨 쉬는 것처럼 청년들을 키우고 자기 정치를 정의당 안에서 펼쳐나가면 좋겠다.

가끔 당 내에서 이정미를 보고 정치를 결심하게 되었다는 신인을 만난다. 모든 면에서 부족한 선배 정치인이지만, 그때마다 나는 그들에게 '도전을 두려워해서는 안 된다'고 말한다.

내가 당대표에 도전할 때에도 심상정 의원의 진로를 보고 경쟁 여부를 저울질하는 분위기가 있었다. 그러나 도전은 상대를 보고 하는 것이 아니라 자신의 비전과 의지로 돌파하는 것이다. 도전 자체가 자신을 성장시킨다. 도전을 두려워하지 말고 뛰어들어야 한다. 다만 자신에게 솔직해야 한다. 젊은 정치인이 더욱 많아져야 한다. 청년 때부터 정치에 뛰어드는 이들이 넘쳐야 한다. 정치에 대한 꿈을 갖고 있는 청년이 있다면 자문해보길 바란다. 내가 그만한 실력을 성실히 쌓아왔는가를. 가장 솔직해야 할 상대는 바로 자신이니까.

개인의 능력은 천차만별이다. 그러나 개인의 능력 편차로 한 사람의 일생이 실패로 규정되어서는 안 된다. 정치는 개인이 불현듯 겪는 불행과 실패에 방어벽 역할을 해야 한다. 수단은 법과 제도다. 기득권은 각종 실패에도 여러 방어벽으로 살아남았다. 재벌은 경제 위기를 자초해도 공적자금으로 살아났다. 징역을 살다가도 병보석으로 나온다.

이정미가 추구하는 정치는 힘없는 국민들에게 '방어벽'이 되어주는 것이다. 적어도 억울한 사람은 없어야 한다. 개인에게 닥칠 어떤 가능성과 불행도 사회와 국가가 보호해줄 수 있다는 믿음을 주는 세상을 만들고 싶다. 그것이 인간이 사회를 만들어서 함께 살아가는 이유 아닐까.

나는 대통령이 되고픈 꿈이 있다. 사람들 앞에서 그 꿈을 말한 적도 있다. 정치하는 사람이 국가를 운영해보겠다는 포부를 갖는 것은 당연하다. 나 역시 언젠가 다가올 기회를 준비하고 있다.

얼마 전 언론과의 인터뷰에서 "이정미 대통령의 '1호 공약'은 무엇인가?"라는 가상의 질문을 받았다. 고심 끝에 나는 '장애인에 대한 국가책임제'를 1호 공약으로 약속드렸다. 내가 정치를 본격적으로 결심한 동기이기도 하니까.

정의당은 촛불혁명의 완성을 위해 존재한다. 정의당은 촛불이 박근혜 대통령의 파면과 정권교체만을 요구하지 않았다는 것을 잘 알고 있다. 촛불은 우리 삶의 변화를 요구했다. 재벌 독점과 성장만능의 불평등한 경제, 개인에게 모든 책임을 전가하고 국민을 보호하지 않는 저복지-불안 사회, 대한민국 구체제의 근본적인 개혁…….

정의당은 변화의 방향을 가장 정확히 읽고, 변화의 민심을 대변하는 길잡이가 될 것이다. 대한민국 대(大)개혁이라는 올바른 방향으로 정치를 주도할 것이다.

정의당은 미래를 앞당기는 정당이다. 개혁을 거부하는 과거 세력과 싸우고, 현실의 개혁에 협력하는 것만이 우리의 몫이 될 수 없다. 아직 오지 않았지만 반드시 가야 할 미래를 구상해 개혁 그 이상으로 나아가야 한다. 성장만능과 이윤 중심의 사회를 넘어 현세대와 미래세대, 인간과 자연이 공존하는 '지속가능한 녹색사회'가 우리의 미래가 되어야 한다.

정의당은 생명권의 개념을 인간에서 동물로 확대하고, 탈핵을 에너지 정책의 돌이킬 수 없는 방향으로 만들 것이다. 에너지와 자원을 저소비하는 산업구조를 도모하며, 사회 모든 분야에서 녹색 대안을 적극적으로 실천할 것이다.

정의당은 가짜 안보와 진짜 안보의 논쟁을 넘어 적극적 '평화담론'으로 한반도의 통일과 동북아 평화체제의 미래를 제시할 것이다. 한쪽에 일방적으로 의지하는 동맹 대신 우리의 이익과 우리의 평화를 지키는 평화체제의 구상을 가다듬을 것이다.

정의당이 추구하는 평화는 휴전선에만 있지 않다. 여성과 이주노동자 등 약자에 대한 차별과 배제, 혐오는 우리를 무너뜨리는 사회적 폭력이다. 정의당은 공동체 구성원의 안전한 삶을 보장하는 '사회평화'를 추구할 것이다.

정의당의 정체성은 더욱 뚜렷해져야 한다. 나는 국민 속으로 대장정을 시작할 것이다. 정의당의 가치가 편협한 것이 아니라 가장 대중적이라는 것을 증명할 것이다.

젠더평등은 인권이며 민생이다. '여성주의 정당 정의당'은 차별과 혐오, 폭력의 위험에 살아가는 수백만 '82년생 김지영'의 손을 잡고 세상을 바꿀 것이다. 사회 곳곳, 정부 정책의 모든 영역에서 일상화된 성차별과 위험을 없애는 '믿음직한 언니들의 정당'을 만들 것이다.

정의당은 '국민의 노동조합'이 될 것이다. 노동법 밖의 노동자들이 언제든지 찾아올 수 있는 곳. 정의당 내부의 혁신도 게으르지 않을 것이다. 원내-중앙당-시도당을 아우르는 체계를 갖추고 예산과 인원을 배정하고, 상담과 문제 해결에 그치지 않고 정책 수립과 조직화로 나아갈 것이다. 그래서 진정한 '국민의 노동조합'의 면모를 갖출 것이다.

지금의 노동조합은 대부분 1987년 6월 항쟁의 결과물이다. 노동조합 창립총회를 가보면 33주년 기념 총회인 경우가 많다. 1987년에서 2019년까지, 나는 대한민국 민주주의 나이 33년은 노동운동의 나이 33년과도 같다고 말한다.

서른셋은 어떤 나이일까? 사람으로 치면 경제적으로 독립하고 결혼해서 첫 아이를 갖는 나이다. 우리 노동운동은 양적으로 성장했다. 2019년 민주노총은 조합원 100만 명을 돌파했다. 하지만 여전히 노동조합에 가입하면 해고당하는 일이 빈번하다. 노동운동의 나이는 33세이지만 시민권을 인정받지 못한 존재다. 한편으로는 노동조합을 결성할 수조차 없는 비정규직을 포함해 노동운동의 사각지대가 커졌다.

서른셋은 예수가 십자가에 매달렸던 나이다. 예수는 죄가 없었지만 스스로를 희생하여 인류의 죄를 대속했다. 자기희생과 헌신의 그 길은 한국 노동운동의 상징인 전태일의 길과 같다.

나는 우리 노동운동이 더 큰 결단으로 더 큰 연대를 열어나갈 것이라 믿는다.

그런 의미에서 1987년 노동자 대투쟁을 잇는 '제2의 노동자 대투쟁'을 시작해야 한다. 제2의 노동자 대투쟁은 바리게이트를 쌓는 것이 아니라 '공장 밖으로 전진하는' 투쟁이어야 한다. 단체협약에 조합원 자녀 우선채용 조항을 넣는 대신 고용보험료를 더 내고, 자녀들이 안전하게 취업을 준비할 기회를 보장해야 한다. 잔업과 특근 대신 국민연금과 건강보험료를 더 내어 노후를 준비하고 병원비 걱정을 줄여야 한다.

대기업 노동조합 조합원에게 말씀드리고 싶다. 대기업 노동조합이 현장 교섭에만 몰두하면서 사회적 영향력을 잃어버리고 '종이호랑이'가 되었다. 나는 이러한 상황이 누구보다 안타깝다. IMF 때 공장 밖으로 쫓겨나면 삶이 곧 파탄난다는 것을 경험한 데서 나오는 두려움을 모르지 않는다. 하지만 이제 공장이 아니라 사회를 바꾸고, 그 두려움을 넘어서야 한다.

이러한 '사회연대'를 노동운동이 주도할 때 복지국가를 만드는 진짜 강한 노동조합이 될 것이다. 촛불혁명의 시민동료였던 비정규직, 여성, 청년들이 함께할 것이다. 조직률은 20퍼센트를 돌파하고 30퍼센트 시대를 열게 될 것이다.

노동운동의 '사회연대'를 정의당은 강력히 지지하고 지원할 것이다.

이제 정당 안의 정당 '청년정의당'을 건설해야 한다. 한국정치의 주류를 교체하기 위해 정의당의 주류도 교체되어야 한다. 20대가 보여준 놀라운 지지에 곧바로 응답하고 당의 미래를 즉시 준비해야 한다. 지체된 차세대 리더십은 이정미식 정치를 통해 그 길이 뻥 뚫릴 것이다. 이제 젊은 세대가 안정적으로 당의 주역으로 자리 잡아야 한다.

청년정치에 더 이상 '나중에'는 없다. 당으로부터 준독립된 청년정의당에 과감히 자리와 재정을 내주어야 한다. 부활하는 중앙당 후원회에 청년계좌를 만들고, 당 재정에 청년특별회계를 설치해 실질적 활동을 보장해야 한다. 정책도, 사업 집행도, 교육도 청년들이 독립성을 가지고 직접 책임져야 한다. 다음 지방선거에서 '보통청년의 정치적 도전'을 응원할 것이다. 청년후보들이 지역사회와 자기 부문에서 한 사람의 정치인으로서 뿌리를 내리고 지속적으로 활동하도록 미래 기획을 함께 논의할 것이다.

정의당은 더욱 경쟁력 있는 정당이 되어야 한다. 촛불혁명과 시민참여 시대에 부응하는 정당이 되어야 한다. 홈페이지 게시판만이 당원 민주주의 공간은 아니다. 한날한시에 모든 당원들이 각자의 지역에 모여 중앙당과 지도부에 의견을 전달할 수 있는 '당원의 날'을 만들고, 그 결과에 답하는 당원 직접민주주의를 추진하겠다고 약속했고 전부 다섯 번 당원의 날 행사를 갖고 당원들과 직접 소통했다.

지지의사를 표현하기 위해 입당한 당원들은 많지만 간부는 여전히 부족하다. 간부 개념을 확대해야 한다. 정의당을 잘 안내하는 상근활동가도 중요하다. 그러나 다르게 성장하는 간부들도 있어야 한다. 자원봉사, 동호회 등 다양한 영역에서 성장하고 협동조합, 마을사업, 노동조합 등 지역에서 일하고 생활하는 지속가능한 간부 활동 모델을 구현해야 한다.

경쟁력 있는 중앙당을 만들어야 한다. 꿈을 갖는 것과 꿈을 흉내 내는 것은 다르다. 간결하고 강한 조직으로 싸움에서 이겨야 한다. 적절한 권한 부여 없이 책임만을 강조하는 일이 없도록 상호 소통하는 집행체계를 갖춰야 한다. 미래를 바꾸는 정치를 위해 당의 정책역량을 강화해야 한다.

진보정치는 10-20년을 앞서 복지국가를 제시하고 실천해왔다. 이제는 감정노동자의 노동권, 동물권, 새로운 가족구성권, 기본소득 등 대한민국의 새로운 길을 제시해야 한다. 정의당은 기존 진보정당의 정책보다 한층 발전된 정책을 개발할 것이다.

진보정당 역사상 가장 신뢰받는 당대표가 되는 것. 지난 2년은 나의 약속을 지키려고 노력한 시간이었다. 정치인 이정미에 대한 물음표를 느낌표로 바꾼 시간이었다. 지난 세월 지켜온 진보정치에 대한 나의 진심을 입증한 시간이었다.

나는 앞으로도 어떤 의견도 경청하고 스스로를 바꾸는 데 두려워하지 않을 것이다. 실수는 할 수 있지만, 실패하지 않은 정치인이 될 것이다.

당대표가 되기 전, 울산 동진오토텍에서 30년 전의 이정미를 만났다. 현대자동차 납품기업에서 일하다가 노동조합을 만들었다는 이유로 하루아침에 일자리를 빼앗긴 노동자. 임금이 끊기고 당장 내일 아기의 분유를 걱정해야 하는 20대 젊은 청년조합원은 "인간답게 살 수 있을 것 같아서 노조를 만들었을 뿐"이라고 울먹였다. 기합을 준다면서 골방에 가두고 벽을 보고 하루 종일 세워두기도 했던 이 회사의 사용자는 "최저임금이 너희 임금인데 무슨 임금협상"이냐며 단체협상에서 노동자를 나무랐다.

30년 전 노동조합을 만들었다고 머리를 쥐어박히고, 구사대로부터 폭행을 당하고 소방호스로 물대포를 맞았던 20대의 내 삶과 그의 삶은 얼마나 달라진 것일까? 30년간 정권은 여섯 번 바뀌었고, 진보정당도 생겼지만 수백, 수천, 수만의 동진오토텍의 고단한 삶은 바뀌지 않았다.

동진오토텍에서 나는 우리가 있어야 할 자리가 어디인지, 우리가 해야 할 일이 무엇인지 다짐했다. 그 20대 노동자의 삶이 달라지지 않는다면 우리는 그 대한민국을 새로운 대한민국이라고 부르지 않을 것이다. 당선되지 않을 줄 알면서도 간절한 마음으로 심상정에게 투표했던 200만 시민들에게 보답하는 정의당을 만들고 싶다. 더 강하고 더 유능한 정의당을 만들고 싶다. 나의 바람이 나만의 꿈이 아니라 당원 모두의 꿈이라는 것을 믿는다.

진보정치의 새로운 주자 이정미가 반드시 그렇게 할 것이다.

나에겐 꿈이 있다. 정의당을 원내5당이 아니라 민생현장 제1당, 청년들의 제1당, 소수자와 소외된 사람들의 제1당으로 만들 것이다. 국민들에게 때때로 필요한 정당이 아니라 언제나 절실한 정당이 될 것이다.

나는 지난 세월 단 한 순간도 집권의 꿈을 포기한 적이 없다. 그 꿈을 현실로 바꾸기 위해 남김없이 당에 모든 것을 바칠 것이다. 눈물 흘리며 우리를 찾아왔던 그 간절한 시민들을 이제 우리가 먼저 뜨겁게 포옹하고 집권의 길로 전진할 것이다.

속도가 우선시되는 시대, 효율적인 돈 벌기가 최선인 시대에 이정미의 생각은 시대와 맞지 않아 보인다. 그러나 내 생각은 다르다. 이정미의 생각이 오히려 시대를 내다보는 미래지향적 태도라고 믿는다.

사람들은 오해하는 듯하다. 국가를 기업으로 생각한다. 욕망을 넘어 탐욕으로 점철된 개발로 국토가 더럽혀져도, 자연이 손상되어도 돈이 되면 괜찮다고 생각한다. 그 일을 막겠다는 국가보다 그 일을 앞장서는 국가에 박수를 친다. 나와 우리 가족의 삶에만 매몰되어 사회적 약자와 소수자의 삶이 망가지는 것을 모른 체한다.

언제부턴가 우리 사회의 최고 목표는 경제성장이 되어버렸다. 과거의 노동 가치는 유용하고 가치 있는 것을 만들어내느냐를 기준으로 삼았다. 그러나 지금은 노동이 얼마나 많은 수익을 올렸는지를 따진다. 인간의 노동은 철저히 숫자로 매겨진다. 물론 경제는 중요하다. 하지만 경제가 높은 성장률을 기록한다고 해서 국민의 삶이 행복해지는 것은 아니다. '모두'의 삶이 풍요로워지는 것에 경제는 중요한 요소일 뿐 전부는 아니다.

경제의 본래 뜻을 생각해본다. 경제라는 말은 '경세제민(經世濟民)'이라는 사자성어를 줄인 말이다. 나라를 다스리고 백성을 구제한다는 말이다. 속도와 효율을 따지는 이들에게 나는 정중히 묻고 싶다.

국가의 존재이유는 무엇인가요?
그리고 정치는 무엇을 해야 할까요?

나가며

신자유주의라는 특정 담론이 세계를 지배하고 있다. 알다시피 신자유주의는 '시장 기능'을 최우선 가치로 삼는다. 경제적 삶을 목적으로 정치, 사회가 작동해야 한다고 주장한다. 국가보다 시장을 우위에 둔다. 시장에 대한 국가 개입을 반대한다. 미국 중심의 정치 이데올로기로 막강한 힘을 발휘하는 신자유주의는 이제 우리의 문화와 일상에까지 영향을 미치고 있다. 영국의 미디어학자 닉 콜드리는 『왜 목소리가 중요한가』라는 책에서 합리성으로 상징되는 신자유주의를 비판한다. 그 비판의 핵심은 '목소리'다.

콜드리는 두 가지 의미로 목소리를 구별한다. '과정으로서의 목소리'와 '가치로서의 목소리'다. 과정으로서의 목소리는 우리가 스스로에 관해 이야기하는 과정을 의미한다. 우리는 자신의 경험과 세계를 바라보는 관점과 입장을 이야기할 수 있어야 한다. 가치로서의 목소리는 그 목소리가 삶에 근본적이고 필수적임을 깨닫는 것이다.

신자유주의 아래 우리는 과정으로서의 목소리와 가치로서의 목소리를 잃어버렸다. 신자유주의 자들은 개인의 자유를 강조한다. 그러나 그 자유는 시장 기능에서만 작동한다. 그들은 시장 바깥의 목소리를 귀담아듣지 않는다. 기득권의 말들에 가려진 사회적 약자의 이야기가 너무도 많다. 신자유주의가 말하는 개인의 자유는 시장과 자본의 권리를 옹호하는 것에 지나지 않다. 그것에 방해되는 목소리를 그들은 들으려 하지 않는다.

정치의 핵심은 '목소리'다. 정치인은 저마다 자기 목소리를 낸다. 그러다 보니 목소리의 발신지가 어디를 향하는지 잊는 경우가 많다. 오직 자기의 발성에만 골몰한다. 자기 목소리를 내기 위해 다른 사람에게 침묵의 위협을 가하기도 한다.

이정미는 다를 것이다. 나는 목소리가 사라지거나 방해받는 이들을 위해 귀를 열 것이다. 그동안 한국정치는 '입'이 주도했다. 이제 '귀'의 정치가 열려야 한다. 인간은 누구나 자신에 관해 이야기할 수 있다. 정치는 국민 한 사람 한 사람의 목소리가 중요함을 깨닫는 행위다. 나는 국민이 자기 선택에 따라 가치 있는 목소리를 실천에 옮기는 일에 나의 목소리를 높일 것이다. 나의 목소리가 국민을 위해 유효하지 않다면 차라리 침묵할 것이다.

부록

이정미 의원이
걸어온 길

1966년	부산에서 태어났다.
	인천 박문여중과 인성여고를 졸업하고
	한국외국어대학에 입학했다.
1988년	영원통신에 입사하여 노동조합을 결성했다가
	해고당했다.
1995년	한국노동운동단체협의회 조직국장,
	1998년 민주주의민족통일전국연합
	조직국장을 맡았다.
2004년	민주노동당 최고위원으로 일했다.
2007년	민주노동당 당대회 부의장에 올랐다.
2008년부터	2014년 8월까지 민주노동당·진보정의당·
	정의당의 대변인으로 활동했다.
2013년	정의당 부대표로 일했다.
2016년 5월	제20대 정의당 비례대표로 국회의원에 당선됐다.
2016년	정의당 원내수석부대표를 맡았다.
2016년 12월	박근혜 전 대통령 탄핵심판 소추위원단에서
	일했다.
2017년 7월	정의당 대표로 선출됐다.